KB023060

미국 부동산 전문가가 들려주는

성공하는
미국 부동산
투자의 비밀

미국 부동산 전문가가 들려주는

성공하는
미국 부동산
투자의 비밀

제1판 1쇄 2023년 6월 27일

지은이 남승현
펴낸이 이경재

펴낸곳 도서출판 델피노
등록 2016년 8월 11일 제2020-000082호
주소 서울시 양천구 신정중앙로 86, 덕산빌딩 5층
전화 070-8095-2425
팩스 0505-947-5494
이메일 delpinobooks@naver.com
ISBN 979-11-91459-61-6 (03320)

미국 부동산 전문가가 들려주는

성공하는
미국 부동산
투자의 비밀

— 남승현 지음 —

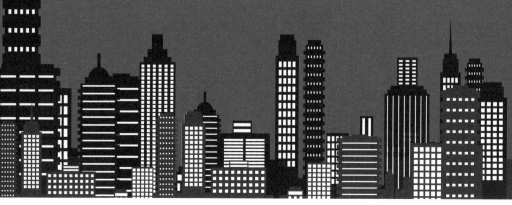

델피노

요즘은 기술의 발전 속도가 워낙 빨라서 사람들이 상상하는 것은 얼마 지나지 않아서 현실로 나타납니다. 그런데 상상조차 할 수 없었던 코로나 바이러스가 온 세상을 공포 속으로 몰아 넣은지 3년이 지난 지금도 완전히 종식되지는 않고 있습니다. 예전에는 인터넷 이전과 이후로 나누었다면, 이제는 팬데믹 이전과 이후로 매우 다른 생활 패턴을 가지게 되었습니다.

저명한 사회학자도 경제학자도 예상조차 할 수 없던 40년 만의 가장 높은 인플레이션 현상이 일어났으며, 미연방준비제도 이사회는 빅 스텝, 자이언트 스텝이라는 생소한 단어가 귀에 익을 정도로 급격한 금리 인상을 단행하였고, 유례없는 미정부지원금을 방출하면서 시중에는 돈이 넘쳐나는 현상이 일어났습니다.

돈의 가치가 무너지면서 발 빠르게 다른 자산으로 옮겨 가는 것은 자연스러운 현상이라고 할 수 있겠죠. 부동산 가격이 자고 일어나면 올라가는 상황이 되었습니다. 이는 전 세계가 비슷한 양상이었습니다. 그리고 팬데믹에서 앤데믹으로 진행되면서 경기침체라는 두려운 존재가 등장할 것이라는 불안감을 초래하게 됩니다. 누구도 언제 침체기가 될지는 잘 모릅니다. 그래서일까요? 믿을 만한 곳은 세계 경제의 핵심, 미국이라는 인식이 퍼지며 미국 부동산에 대한 관심도가 더 높아지고 있습니다. 한국의 유명인이 미국 부동산을 구입했다는 최근뉴스가 있습니다. 뿐만 아니라 일반 투자자들의 투자도 잦아지고 있습니다.

미국 부동산에 관심을 가지는 이유는 크게 2가지로 볼 수 있습니다. 첫 번째는 투자수익을 위해서 주택 또는 상업용 부동산을 구입하시는 경우로 투자 대비 수익률이 한국과 비교하면 월등히 높고 가치 상승률까지 높아지면서 매력적인 투자 결과를 만들어 내고 있기 때문입니다. 두 번째는 자녀교육을 위해 유학이나 이주를 하는 경우입니다. 처음부터 한국에서 미국으로 유학을 오는 경우도 있지만 동남아시아, 대양주 또는 캐나다 등의 국가에서 초중고를 졸업하고 대학은 미국으로 유학을 오는 경우가 의외로 많았습니다. 이와 같이 경제적으로든 교육적으로든 미국은 분명하게 투자할 만한 가치가 있는 곳입니다.

하지만 미국 부동산이 좋다는 말만 듣고 기초적인 지식 없이 투자했다가 손해를 보시는 분들을 많이 만났습니다. 너무 몰라서 '그런 줄 몰랐다', '그럴 수가 있느냐' 등의 불만을 호소하기도 하였는데요. 나중에 알고보니, 부동산 구매자인 본인도 모르고 부동산 중개인도 경험과 지식이 부족하여 잘 모르고 진행되었던 케이스들이 생각보다 많다는 것을 알게 되었습니다.

'아는 것이 힘이다'라는 말이 있습니다. 부동산 구입이라는 것은 개인적으로 가족에게도 매우 중요한 자산 투자이므로 꼭 모르는 것은 공부하고 준비를 하고 난 후에 진행하였으면 합니다. 제가 부동산업을 하면서 늘 말버릇처럼 하는 것이, 옷이나 냉장고를 구입하고 난 후에 맘에 들지 않거나 문제가 있으면 환불 받을 수 있지만 부동산은 환불 받을 수가 없다는 것입니다.

이 한 권의 책에 저의 20여 년의 실무 경험과 지식 그리고 노하우를 하나라도 더 담아내려고 노력하였습니다. 독자 여러분들이 미국이라는 기회의 땅에서 미국 부동산 투자로 가는 길에 이 책 한 권이 네비게이션이 되어서 성공적인 캘리포니아 드림을 이루시는데 조금이나마 도움이 되시길 바랍니다. 여러분의 똑똑한 투자로 원하시는 목적 달성을 꼭 이루어 내십시오. 이 책은 미국 부동산에 대해 단계별로 공부할 수 있도록 구성되어 있습니다.

1장에서는 가장 기본적인 '왜 미국 부동산 투자를 하게 되는지?' 그리고 미국에서 부동산의 개념과 형태 등을 알아봅니다.

 2장에서는 부동산 구입 시의 고려해야 할 입지 조건, 구매 단계에 따른 절차, 계약 시에 꼭 챙겨 보아야 하는 것 등으로 아주 중요한 챕터가 되겠습니다.

 3장에서는 미국 부동산 구입 시에 어떤 비용들이 들어가는지에 대한 궁금함을 풀어보고, 또 주택담보대출을 받는 방법이나 준비 해야 하는 서류에는 어떤 것들이 있는지, 외국인으로서 대출을 받으려면 얼마 정도의 종잣돈이 필요한지 알아봅니다.

 4장에서는 한국의 부동산 거래와 다른 미국 부동산 거래 시의 에스크로 제도를 비롯한 소유권 보험, 가장 중요한 컨틴전시의 개념, 홈 인스펙션의 필요성, 터마이트(흰개미) 인스펙션의 필요성에 관한 내용입니다.

 또한, 중간중간에 알아 두면 좋은 점을 '미국 부동산 전문가 Pick

픽'으로 설명을 덧붙였습니다.

5장에서는 미국 부동산의 트렌드를 파악하기 위해서 미국 부동산 투자의 장점, 부동산의 흐름, 시장 분석에 대한 것을 알아봅니다.

6장에서는 투자를 할 때 가장 예민하게 작용하는 것이 세금일 것입니다. 미국에서 부동산 구매를 하고 보유하고 매각을 했을 때 어떤 세금을 납부하게 되고 어떠한 세금 혜택을 누릴 수 있는지, 또 어떻게 절세를 하게 되는지에 관한 내용입니다. 그리고 구매를 잘하는 것도 중요하지만, 보유한 자산을 잘 지키는 것이 더 중요하기에 소유권 명의 형태에 따라서 책임과 의무의 다른 점이 무엇인지, 미래 상속 시의 세금은 또 어떻게 산정되며 대처 방안이 무엇인지를 알아봅니다.

부록에서는 신축 분양으로 주택을 구입할 때 분양 받는 방법과 유의 사항은 무엇인지, 미국에서 부동산 임대 수익을 목적으로 투자를 할 때 꼭 알아야 하는 것으로 임차인 선정 방법 및 임대 관리 방법 그리고 경기 침체 시 미국에서도 투자의 기회가 발생하게 되는 부동산 경매 절차와 구입 방법을 살펴볼 수 있습니다. 마지막으로 부동산 구매 및 판매를 할 때 자주 사용하는 부동산 용어들을 정리하여 누구나 쉽게 이해할 수 있도록 하였습니다.

특히 미국에서 학교를 졸업하고 직장을 다니는 자녀를 두신 부모님이라면, 부동산 구입으로 자녀의 소득세를 절감할 수 있는 팁 또한 소개해 드리겠습니다.

돈이 되는 부동산을 구입하는 방법에는 지역에 따라서 부동산 시장의 주기에 따라서 수많은 방법이 있을 수 있겠지만, 가장 기본 수칙을 알아 두시면 큰 손해는 없으시리라 생각합니다.

기본수칙 1 투자를 위한 공부입니다. 아는 만큼 보인다고 합니다. 알아야 질문도 하고 요구도 할 수가 있습니다. 공부를 하게 되면 자신이 무엇을 해야 하고, 하지 않아야 하는 것을 알 수 있을 것입니다.

기본 수칙 2 로케이션(입지)입니다. 좋은 위치는 많은 것을 포함하겠지만, 가장 간단하게 오늘 사서 내일 다시 팔더라도 매매가 바로 가능한 곳을 찾으시면 됩니다.

기본 수칙 3 사람입니다. 첫 번째는 동네 이웃입니다. 누구와 같은 동네 거주하는지를 미리 알아보면 좋겠습니다. 두 번째는 부동산 중개인입니다. 부동산 매매를 하는 과정에서 무수히 많은 사건·사고가 발생할 수 있습니다. 나에게는 '그런 일이 없을 거야'라고 생각할 수 있지만, 대부분은 나의 의지와는 상관없이 발생합니다. 구매 절차에서도 설명하듯이 매매과정은 간단하지는 않습니다. 에스크로, 타이틀, HOA, 대출, 집 감정, 홈 인스펙션, 터마이트 인스펙션, 집 공개 등등 관련이 되어 있습니다. 부동산 거래 1건을 할 때 약 100여 가지의 관련된 일이 생긴다고도 할 만큼 여러 가지 상황이 발생할 수가 있습니다. 그러므로 다양한 경험을 겪고 시원하게 해결할 수 있는 사람이 필요합니다. 또한, 법률적인 부분이 많아서 부동산에 관한 지식을 갖추어야 합니다.

누구든지 손해를 보겠다고 투자를 시작하지는 않을 것입니다. 더 높은 수익을 실현하기 위해서 꼭 공부하시고 철저히 준비하시길 추천합니다.

   더 나은 미래를 위해서 아메리칸 드림을 꿈꾸며 미국 땅의 부동산 주인이 되어 보시길 적극적으로 기원합니다. 감사합니다.

미국 부동산 전문가

남승현

불안한 세계 경제가 지속될 조짐이지만 그래도 세계 경제의 중심인 미국에 대한 선호는 변함없이 학문과 문화, 군사 그리고 4차 산업에 이르기까지 다양한 분야에 집중되어 있다. 여기에 코로나19로 최근 더 부각되는 것이 주거 문제 즉, 주택이다.

미국에서 부동산 중개업과 투자 컨설팅 회사를 운영하시는 남승현 대표가 펴낸 『성공하는 미국 부동산 투자의 비밀』은 미국 부동산 전문가로서, 또 여성으로서 꼼꼼하게 가이드맵처럼 펴낸 쉬운 지침서라는 점에서 우선 신뢰가 간다.

리스크가 큰 때일수록 안전지역과 안전자산을 선호하는 것이 경제 활동의 기본이다. 더욱이 우리나라가 아닌 미국에서의 주택을 투자나 거주목적으로 구입하고자 할 때는 두려움과 정보 부재로 망설여지는 것이 당연하다. 그러나 이 책은 목차에서 보는 것처럼 초보자도 접근하기 쉽게 구성되어 있으며 제반 환경에 대한 풍부한 설명과 구체적 분석을 담아 놓아 당장 미국으로 달려가고 싶을 정도로 매력적이다.

변동성이 덜해 더욱 더 안전한 미국 부동산 투자 여행을 이 책으로 시작해 보길 강력히 추천한다.

전국대학교부동산교육협의회 회장

장계영

2장 미국 부동산 어떻게 구매하나?

3장 미국 부동산 구매 시 필요한 돈은 얼마일까?

4장 미국 부동산, 이렇게 다르다

5장 미국 부동산의 흐름을 알면 당신도 부자

6장 미국 부동산 이렇게 해야 손해 보지 않는다

1장

최고의
부동산 투자처,
미국

01
세계 최고 부자는
미국 부동산에 투자한다

미국 부동산에 세계 최고 자산가들이 몰려 있다

"미국 캘리포니아에 있는 부동산에 투자해보세요!"라는 제안을 받았다면 당신은 이미 고액 자산가일 확률이 높습니다. "어? 저는 아직 고액 자산가가 아닌데요?" 괜찮습니다. 아직 고액 자산가가 아니어도 미국 부동산에 대한 관심도가 높아 이 책을 집으셨을 테니까요. '어떻게 하면 내가 가진 돈을 더 불릴 수가 있을까?', '어떤 곳에 투자해야 부의 대열에 합류할 수 있을까?' 이러한 갈망으로 미국 부동산이라는 목적지로 티켓을 끊으셨을 겁니다. 미지의 세계, 미국 부동산. 두렵기도 하면서 궁금한 곳입니다. 그런데 왜 이 시점에서 미국 부동산일까요? 우리는 왜 미국 부동산에 부쩍 관심이 높아졌을까요?

부자들은 돈의 흐름을 잘 간파하고 있는 사람들입니다. 그러니까

부자가 되었고, 가지고 있는 자산을 잘 지키며, 더 많이 불릴 수가 있습니다. 그들은 가지고 있는 돈에 만족하지 않습니다. 현재에 머무르기보다 좀 더 나은 미래를 내다보고 그 방향으로 적극적으로 부지런히 움직입니다. 더 좋은 투자처, 더 좋은 돈의 흐름에 기꺼이 몸을 내맡깁니다.

그런데 그들이 최근에 더 주목하는 투자처가 생겼습니다. 바로 미국 부동산입니다. 부자들이 미국 부동산에 관심을 가지고 투자하면서 보통 사람들도 미국 부동산에 대한 관심도가 높아지고 있습니다. 왜 이런 현상이 생겼을까요? 단순히 부자가 투자하기 때문에 나도 따라 한다? 꼭 그런 이유 때문은 아닐 겁니다. 미국은 지리적으로 멀고도 먼 나라이면서 언어도 다르고 문화도 달라 우리에게 생소한 곳일 수도 있는데 말입니다. 그 핸디캡을 극복하고 보통 사람들도 미국 부동산에 굳이 투자하려는 이유는 무엇일까요?

우리가 미국 부동산에 관심을 가지게 된 가장 큰 이유는 '불확실성' 때문입니다. 미국 부동산이 불확실하다는 게 아니고 시대가 불확실하다는 데 있습니다. 예기치 않은 코로나19 팬데믹, 러시아와 우크라이나 전쟁의 발발, 전 지구적인 식량 위기, 가속화되는 기후변화 등으로 우리의 미래는 한 치 앞도 전망할 수가 없습니다. 기술은 발전하고 살기는 더욱 편리해졌는데 미래는 오히려 더 불투명해진 겁니다. 돈이 없는 사람은 쓸 돈이 없어서 불안하고, 돈이 많은 사람은 돈을 굴릴데가 없어져서 불안해집니다. 주식과 코인 시장이 요동치면서 부자들은 안전성이 높은 자산에 눈을 돌리기 시작했습니다. 그게 바로 부동산이었고, '미국'이라는 나라의 '부동산'입니다.

부동산은 인플레이션일 때 더 빛을 발합니다. 코로나19 사태가 길어지면서 미국을 비롯한 여러 나라는 통화정책 완화에 나섰습니다. 정부가 막대한 돈을 풀면서 코로나19에 지친 취약계층과 소상공인들을 돕기 시작했습니다. 바닥에 떨어진 경기를 끌어올리기 위해 시중에 돈을 더 풀었습니다. 골목상권이 돌아가고 경기가 회복되면서 경제가 활성화됩니다. 그런데 이상합니다. 다시 경제가 삐걱거리기 시작합니다. 바로 인플레이션이 도래했기 때문입니다.

부자들은 이미 알고 있습니다. 시중에 돈이 너무 풀리면 반갑지 않은 손님, 인플레이션이 노크한다는 사실을요. 경제 공부를 한 부자들은 돈의 흐름이 어떻게 흘러갈지 벌써 예측하고 있습니다. 자, 그럼 부자들은 이 대목에서 어떤 선택을 할까요?

'투자의 대부'라 불리는 워런 버핏은 인플레이션이 오면 부동산에 투자하라고 조언합니다. 2015년 연간 주주총회에서 워런 버핏은 부동산이 인플레이션일 때 투자하기 좋은 상품이라고 주장합니다. 그는 "다른 사람에게도 유용한 자산은 시간이 지나면서 대체 가치 측면에서 가격이 정해지므로 인플레이션에 대응하기 유용하다"라고 덧붙여 설명했습니다.

꼭 인플레이션이 아니더라도 미국 부동산은 세계 최고 자산가들에게 매력적인 투자처입니다. 미국의 부동산 재벌이자 미국 대통령이었던 도널드 트럼프는 부동산 투자의 가치를 이렇게 설명합니다. "대체 가능한 지역이 없고 그 지역이 한정돼 있을 때 그 가치는 지속적으로 상승할 수밖에 없다. 바로 그곳에 투자하면 된다." 그는 수십 년 전부터 부동산 투자의 가치를 알고 큰 부를 이루었습니다.

이미 부를 이룬 세계 최고 자산가들이 미국 부동산의 가치를 유독 높이 사는 이유는 뭘까요? 거기에는 그만한 이유가 있습니다. 부자는 더 큰 이익을 창출하는 것을 좋아하는 사람들입니다. 하지만 그만큼 손해 보는 것도 극도로 싫어합니다. 이런 점들을 고려했을 때 투자하기에 가장 위험도가 낮은 것이 바로 미국 부동산입니다. 수익률이 아무리 높다 하더라도 자산을 잘 지키는 것이 첫 번째 덕목입니다. 또한 거래도 자유롭게 이뤄질 수 있어야 합니다. 공산국가나 신흥국가에 투자할 때는 상당한 위험이 뒤따릅니다. 부자는 그냥, 아무 이유 없이 자신이 보유한 돈을 쓰는 사람들이 아닙니다. 부자의 행동에는 충분한 이유가 있습니다. 여러분은 이제 막 미국 부동산에 관심을 가지기 시작하셨습니다. 거기에도 그만한 이유가 있을 것이라고 짐작합니다. 지금부터 하나씩 알아볼까요?

한국에서 미국 부동산에 투자하는 이유

2022년 10월, 저희 회사 미국 부동산 중개 법인회사 '리얼티 스퀘어 인베스트먼트'는 한국의 투자자들을 대상으로 캘리포니아 지역의 유망 투자물건 정보 제공과 투자자문 서비스를 개시하는 양해각서(MOU)를 한국의 투자기업과 맺었습니다. 남가주 한인부동산협회 회장을 역임했고 지속적으로 미국 부동산 전문가로 활동하고 있는 것에 대해 자부심을 느끼고 있었던 저로서는 상당히 뜻깊은 성과였습니다. 이 일은 한국에서도 미국의 부동산에 높은 관심을 가지게 되었다는 방증이기도 합니다.

한국의 돈 있는 사람들이 왜 미국 부동산에 관심을 가지게 되었을까요? 거기에는 몇 가지 이유가 있었습니다.

첫 번째, 부동산 투자에 대한 규제가 없습니다.

부동산 구매를 할 때 내국인과 외국인과의 규제나 차별이 전혀 없습니다. 주택 구매에 따른 취득세도 없습니다. 1가구 2주택에 대한 규제가 없습니다. 1가구 2주택을 소유를 하든 3주택을 소유하는 것은 물론이고, 심지어 1가구 100주택의 다주택자가 되더라도 어떤 규제도 받지를 않습니다. 그리고 대출에 대한 규제가 없습니다. 외국인이라도 미국에서 주택 구입을 하기 위해서 주택담보 대출을 받을 수가 있습니다.

두 번째, 안전하게 안정적인 투자를 할 수가 있습니다.

전 세계에서 가장 안전하게 투자할 수 있는 곳입니다. 정치적, 경제적, 사회적으로 안정적인 나라입니다. 글로벌 경기의 변동성에 빠르게 대처 할 수 있는 가장 강력한 곳이 미국이라고 할 수 있기 때문입니다. 이러한 이유로 안전자산의 피난처로 불리기도 합니다. 따라서 부자들은 투자 포트폴리오의 다각화에 유리하게 작용하는 것으로 세계 투자자의 선호도 높은 미국 부동산을 포함 시킵니다.

자신의 재산을 안전하게 증식시키는 것으로 해외투자를 한다면, 합리적이고 안정적인 나라 미국에 투자하는 것이 좋을 것입니다.

세 번째, 투자 대비 수익률이 높습니다.

한국과 비교를 하면 미국의 월세 비용이 높은 편이므로 상대적으로 낮은 투자 자금으로 수익률을 극대화 할 수 있으며 지속적인 임대수요 증가에 따라서 안정된 임대소득을 가질 수 있습니다.

예를 들어, 100만 달러(한화 약 12억)의 주택을 구입하여 임대한다면, 월 4천 3백 달러(한화 약 5백16만 원) 정도의 임대소득을 기대할 수 있습니다.

네 번째, 가치 상승의 이익을 기대할 수 있습니다.

부동산의 가치는 오르기도 하고 내려가기도 합니다. 하지만 장기적 관점에서는 상승하는 것으로 나타났습니다. 코로나19 이후 전 세계적인 주택가격 상승으로 평균 이상의 가치 상승률을 보였으나 일반적으로는 평균 5% 상승률을 보였습니다. 물가지수와 비교하면 2배 정도인 셈이니 이것이 부동산 투자의 가장 큰 매력이라고 할 수 있습니다.

다섯 번째, 자녀의 교육에도 도움이 됩니다.

미국 부동산 투자를 통해 자녀들이 미국의 선진화된 교육제도를 이용할 수 있는 기회를 얻을 수 있습니다. 엄청난 장학금 제도를 활용하여 학업에 열중할 수가 있고, 개천에서 용이 나올 기회가 아직도 미국에서는 가능하다는 것이 가장 큰 매력일 것입니다. 그리고 대학 진학 시에나 졸업 후에도 취업의 기회가 많습니다. 글로벌 네트워크를 만들 수 있으며, 본인의 노력에 따라서 기회를 잘 활용할 수 있는 곳이라고 할 수 있습니다.

　자녀의 미래를 위해서 전 세계에서 미국으로 유학을 오거나 이민을 선택합니다. 미국으로 이민하여 부동산 투자를 하는 경우 정착하는 데 유리하고, 자녀가 미국에서 유학을 하는 경우라면 자녀에게 거주 공간을 제공함으로 안정적으로 학업에 열중할 수 있도록 도움이 되거나 임대 부동산 투자를 하여 임대소득을 자녀의 학비로 사용할 수도 있습니다.

　부의 상징이라고 할 수 있는 미국 부동산 투자의 이유는 각기 다릅니다. 우리가 부동산에 투자하려는 이유는 직접 일을 해서 꼬박꼬박 월급 받는 근로소득이 아닌, 자본에 투자해 일하지 않아도 매달 임대료를 받을 수 있는 자본소득을 원하기 때문일 겁니다. 부자들은 돈이 어떻게 돈을 버는지 잘 아는 사람들이라고 했습니다. 노동을 하지 않아도 투자소득으로 수익을 얻을 수 있는 자산은 부동산입니다. 전 세계 어디를 가더라도 부동산은 존재합니다. 부자는 그중에서 이득을 가장 많이 얻을 수 있는 부동산에 투자합니다. 물론 어느 지역을 선택해 투자를 얼마만큼 했느냐에 따라 부의 향방도 달라지겠죠.

　미국에서 사업을 해서 부자가 된 사람도 많습니다. 그런데 이들은 사업으로 번 돈으로 어김없이 부동산 투자를 합니다. 부동산 투자가 다른 투자에 비하여 조금 더 쉽게 부를 창출할 수가 있기 때문입니다. 주변을 둘러봐도 부동산 투자로 큰 부자가 된 사람이 사업으로 부를 이룬 사람보다 더 많습니다. 미국 부동산을 잘 알고 제대로 투자할 줄만 안다면 여러분도 부자의 대열에 합류할 수 있습니다. 언젠가 미국에서 내 주택, 내 건물을 가지고 있는 모습을 머릿속에 그리면서 미국 부동산 투자에 적극적으로 임해보시길 바랍니다.

현지 미국인들은 부동산에 왜 투자할까?

로마에 가면 로마의 법을 따라야 한다는 말이 있죠? 현지의 사정을 잘 알고 투자를 하는 사람은 실패 확률이 낮습니다. 외국인의 시점에서 미국 부동산은 분명 매력적인 투자처이지만 시선을 안으로 돌려 미국인들의 입장을 살펴보는 것도 중요합니다. 그렇다면 현지에 거주하는 미국인들도 미국 부동산에 투자하려는 이유는 정확히 무엇일까요?

1. 부동산 가치 상승에 주목한다

사람들은 주택을 구입하면서 '행복하게 살아야지'라고 생각하기보다 '내가 구매한 집의 미래 가치가 앞으로 얼마나 오를까'를 더 생각합니다. 그래서 대부분의 부동산 구매자들은 "언제 집을 사면 좋을까요?"를 묻습니다. 즉, 투자하기 좋은 적정 시기를 물어보는 것입니다. 일반적으로 부동산의 가치 상승률은 연 5%로 계산합니다. 물론 시기에 따라 하락하기도 하고 상승하기도 합니다. 사람들은 부동산 가격이 가장 내렸을 때 구입해서 가장 꼭대기에 올랐을 때 팔기를 희망합니다. 하지만 그 정확한 시기를 알기는 어렵습니다. 하지만 부동산은 장기적인 관점에서 볼 때 무조건 상승세라는 것을 감안하고 투자를 하면 한결 마음이 편안합니다. 그래서 사람들은 안정적이고 정기적인 소득이 발생하면 가장 먼저 주택 구입을 고려합니다. 집값이 상승하면 자산가치가 높아지고, 자산가치가 높아지면 여유 있는 돈을 다른 용도로 활용할 수 있기 때문입니다.

투자를 하는 사람은 모두 자신의 투자가 꼭 성공하기를 바랍니다. 하지만 실패의 가능성도 얼마든지 있다는 사실을 무시하지는 못하죠. 실패를 줄이기 위해서는 언제 부동산을 구매하고 어떤 부동산을 선정해야 하며 언제 팔아야 하는지 누적된 자료를 활용한 후 실행에 옮겨야 합니다. 여러 지표를 쫙 늘어놓고 자신에게 맞는 투자 대상을 골라 하이 리스크(High Risk)를 줄여야 합니다. 하지만 현지 사정을 잘 모르는 외국인이 미국 부동산에 덜컥 투자하기란 쉽지 않습니다. 많은 공부와 경험이 필요합니다. 가장 쉬운 방법은 현지 사정을 잘 알고 있는 지역전문가의 도움을 받는 것이 좋습니다. 신뢰할 만한 지역 부동산 전문가를 선정해 현지에서 투자하기 좋은 곳을 상담받는 것이 빠르고 정확합니다.

2. 부동산을 구입하면 세금을 절약할 수 있다

미국은 부동산 소유주가 되면 절세할 수 있는 부분이 많아집니다. 우선 개인 소득에 대한 세금을 낼 때 공제를 받을 수가 있습니다. 대출 기관을 통해 주택을 구매하면 소득세 신고 시 재산세와 모기지 이자에 대한 세금 공제를 받을 수가 있습니다. 만약 임대 부동산을 구매한 경우에는 모든 수입에서 주택 임대관리 비용을 공제하고 향후 발생하는 임대 순수익에 대해서만 세금을 내면 됩니다. 또한 감가상각을 통해 현금의 흐름을 높일 수도 있습니다.

양도소득세는 어떨까요? 한국은 3주택일 경우 최대 75%까지 양도소득세를 납부해야 합니다. 미국은 1년 미만으로 주택을 보유했을 경우, 차익분의 10~37% 정도의 양도소득세를 내면 됩니다. 그런데 1년 이상 보유할 경우에는 세금이 현저히 떨어집니다. 0~20%의 양도소득세만 내면 되고 5년 안에 2년 이상 거주 시에는 부부합산으로 최대 50만 달러까지, 만약 싱글인 경우는 25만 달러가 면제 적용됩니다. 임대 부동산의 경우, 매도할 때 양도 수익이 발생한다면 세금 유예를 받을 수 있는 '1031 교환제도(1031 Exchange)'를 활용할 수도 있습니다. 부동산 소유·매각과 관련해 절세, 공제 또는 유예할 수 있는 방법이 다양하게 있어 부동산 구입으로 절세의 효과를 톡톡히 볼 수 있습니다.

3. 저축의 기능이 있다

미국은 매월 모기지 할부금을 낼 때 원금과 이자를 함께 지불하는 방식입니다. 즉, 원금 상환이 동시에 진행되기 때문에 저축의 기능이 있다고 볼 수 있죠. 이건 한국의 인식과 비슷합니다. 월세를 내야 하는 임차인이 월세를 아까워하며 차라리 집의 대출금을 갚는 게 더 낫다고 생각하는 것과 같다는 거죠. 다르게 표현한다면, 세입자가 내 부동산의 대출금을 갚아준다고 할 수 있습니다. 내가 거주할 주택을 구입하는 것은 가장 쉽게 재산증식을 할 수 있는 방법입니다.

예를 들어 임대 주택을 구해 매달 월세로 3천 달러를 내야 한다면 3년이면 10만 8천 달러를 지불해야 합니다. 월세가 5천 달러라면 3년 동안 총 18만 달러를 소비하게 되는 것이죠. 그런데 생각을 바꿔서 70만 달러 정도의 주택을 구입했다면 어땠을까요? 3년이 지나 시세가 100만 달러 정도로 올랐다고 가정해 봅시다. 전자의 경우에서 월세로 없어질 10만 8천 달러와 가치 상승한 30만 달러를 벌었다고 계산해보면, 총 40만 8천 달러의 이익을 얻게 되는 셈입니다. 월세로 괜히 돈을 소비하는 것보다 집을 구입하는 게 훨씬 이득입니다. 이렇듯 주택의 구입은 저축의 기능은 물론, 가치 상승이라는 보너스까지 얻게 됩니다.

4. 가족의 만족도가 높아진다

내 집을 마련한다는 것은 참 행복한 일입니다. 어떤 분은 이렇게 말씀합니다. "제가 집을 샀더니 김치만 먹고 살아도 배가 불러요~", "뒷마당이 생겨서 아침마다 모닝커피 마시며 가족끼리 모여서 대화를 해요. 전 그 시간이 너무 행복해요!" 내 집을 소유해서 제일 좋은 점은 어느 날 갑자기 이사를 가야 하는 상황이 발생하지 않는다는 점입니다. 내가 원하는 스타일의 바닥을 시공할 수 있고, 벽의 색깔도 좋아하는 취향에 맞추어 페인팅할 수 있으며 개성 있는 조명을 설치해도 누가 뭐라 할 사람이 없습니다.

내 공간, 내 방, 내 집이라는 개념이 생기면 정서적 안정감도 높아져 생활의 만족도도 크게 올라갑니다. 특히 자녀가 있는 경우, 안정적 생활공간을 제공할 수 있어 성장 과정이 더 긍정적인 방향으로 흘러갑니다. 전학을 가지 않고 같은 학교를 오래 다닐 수 있고, 한 동네에서 유치원부터 고등학교까지 계속 다닐 수 있다면 막역한 친구를 사귈 수 있는 기회도 더 많이 늘어납니다. 코로나19 이후, 이런 가족의 안정감에 대한 욕구는 더욱 커지고 있습니다. 예측 불가능한 큰 위기를 언제든 겪을 수 있다는 것을 알게 된 사람들은 가족이야말로 최고의 가치라는 것을 깨닫게 됐습니다. 그러한 이유로 가족과 함께 거주하는 집에 대한 열망도 과거보다 매우 높아졌습니다.

5. 주택 담보 대출(레버리지)을 활용해 큰돈 없이도 집을 마련한다

미국에서는 큰돈 없이도 집을 살 수 있습니다. 은행으로부터 대출을 받을 수 있기 때문인데 집값의 3.5%의 '다운페이먼트(Downpayment)'만 있어도 '모기지(Mortgage)' 대출을 활용하여 주택 구매를 할 수 있습니다. 은행과 같은 대출 기관에서는 개인의 소득증명과 주택의 담보 가치를 보고 그에 합당한 대출을 구매자에게 해줍니다. 개인의 소득 증빙이 확실하다면 대출을 받기가 더 쉬워집니다.

지난해 직장을 다니는 최 모 씨는 100만 달러의 주택을 3.5%인 3만 5천 달러의 다운페이먼트에 96만 5천 달러를 대출받아서 2층 단독주택을 구입하였습니다.

다운페이먼트(Downpayment)
다운페이먼트 또는 줄여서 다운페이라고도 말합니다. 다운페이먼트는 부동산 구매를 하고자 할 때 구매자가 미리 준비해야 하는 자본금을 뜻합니다. 즉 종잣돈을 말합니다.

모기지(Mortgage)
주택 구매 가격에서 다운페이먼트를 뺀 나머지(보통 80%)에 해당하는 비용을 대출 기관인 은행 등을 통해 돈을 빌려 지불하는 것을 뜻합니다. 즉, 대출이라고 보면 됩니다.
주택 구매 가격 = 다운페이먼트 + 모기지 대출금이라는 공식이 성립합니다.

소액투자로도 집을 살 수가 있는데 심지어 수중에 돈이 전혀 없어도 가능한 경우가 있습니다. 미국 군인이거나 전역한 군인을 위한 VA 대출 프로그램이 있으며, 3.5% 소액 다운페이먼트로 주택 담보 대출을 활용하는 방법 등이 있습니다. 예를 들어, 집을 사고 싶은 구매자는 2만 1천 달러의 자본금(3.5% 다운페이)으로 60만 달러의 집을 구매할 수도 있습니다. 물론 아무에게나 이런 일이 가능한 것은 아닙니다. 이렇게 대출을 실행하려면 개인 소득 증빙이 중요합니다. 대출을 실행하는 은행은 개인의 대출 상환능력을 봅니다. 회사에 고용되어 있는지, 소득은 어느정도 되는지 신용도를 따져 대출을 실행합니다.

6. 인플레이션의 손해를 방지할 수 있다.

물가 상승률이 높을 때는 현금의 가치가 떨어지게 되므로 현금을 은행에만 넣어두고 있으면 손해입니다. 물가는 가파르게 오르는데 은행에 넣어둔 현금은 그대로이니까요. 물가 상승률이 5%라면 5%의 손해를 보고, 8%라면 8%의 손해를 봅니다. 물가 상승률이 오르는 만큼 고스란히 그대로 손해를 보는 구조입니다. 이러한 이유로 현금을 보유한 사람들은 은행 외에 새로운 투자처를 물색합니다. 그것이 주식이 될 수도 있고 금, 원자재가 될 수도 있습니다.

물가가 오르고 인플레이션이 도래하게 되면 부동산에 투자하는 것이 보다 안전합니다. 예를 들어서 2020년 10월에 은행 예금으로 넣어둔 21만 달러로 미국 부동산에 투자했다고 가정해 봅시다. 21만 달러를 자본금으로 30% 다운페이먼트를 적용해 봅니다. 그렇게 산출된 70만 달러로 부동산을 구입하면 지금쯤 시세가 올라 약 90만 달러 정도가 됩니다. 이 투자자의 경우 21만 달러를 투자해 20만 달러의 시세 차익을 거두게 된 셈인 거죠.

투자자 A씨의 주택 구매 사례

- 은행 예금 = 21만 달러
- 주택 구매 비용

  21만 달러 × 다운페이먼트 30% 적용 = 약 70만 달러

- 시세 차익

  90만 달러(2년 후 시세 상승) − 70만 달러 = 20만 달러

만약 부동산을 구입하지 않고 21만 달러를 고스란히 은행 예금으로만 넣어 두었다면 그 돈은 아직도 21만 달러 그대로 이거나 약간의 이자를 가질 수 있었을 겁니다. 하지만 부동산을 구입했고, 실물 자산 투자로 41만 달러(21만 달러 + 20만 달러)가 돼 무려 195%의 수익을 창출할 수 있었죠. 더구나 환율 상승까지 고려하면 더 큰 이득을 얻은 셈입니다. 그냥 현금을 가지고 있었다면, 그대로 21만 달러입니다. 현금을 자산에 넣었기 때문에 큰 이득을 볼 수 있었던 것입니다.

부동산 투자는 때로는 과감한 실행이 필요합니다. 1년 전의 일입니다. 어떤 분이 한국에서 미국 요바린다에 있는 자녀에게 나중에 상속이나 증여를 하는 것보다는 지금 주택 구매를 도와주면 좋겠다는 생각을 타진해왔습니다. 저는 이분을 돕기 위해 주택 구매를 알아봤지만 다른 구매자가 더 높은 가격을 제시하는 바람에 놓쳤습니다. 환율 때문에 망설이던 차에 그렇게 된 것인데 최근 지속적으로 오르는 환율을 보니 더 씁쓸해집니다.

이처럼 부동산은 인플레이션(물가상승)에 대한 보호 수단으로 최적인 투자처라고 할 수 있습니다. 인플레이션으로 재화와 서비스의 가격까지 상승하면 주택 가격은 더 올라갈 것이고, 주택 가격이 오르면 임대료의 상승도 더해져 부가가치가 더욱 높아지게 됩니다.

7. 임대 수익을 얻을 수 있다

주택 구매를 하면 내가 거주할 수도 있지만 임대할 수도 있습니다. 집 전체를 임대할 수도 있고, 집의 일부를 임대할 수도 있겠죠. 처음에는 작게 부동산 투자를 시작하지만, 부동산에 대한 눈을 뜨게 되면 점점 자산이 불어나는 방법을 찾게 됩니다.

처음 집을 살 때 작은 집을 구매하는 경우도 있고, 큰 집을 구매하는 경우도 있습니다. 어떤 집을 구입하든 한 번이라도 부동산을 소유하는 경험을 하게 되면 그때부터 부동산의 매력에 풍덩 빠지게 됩니다. 그러면서 여태 돈을 벌었던 기존의 구조에 대해 회의감을 느끼게 되기도 하죠. 일례로 월급을 받을 때 내는 소득세와 부동산으로 발생하는 소득세는 그 차이가 큽니다. 부동산 쪽이 절세의 혜택이 훨씬 더 많다는 것을 뒤늦게 알고 무릎을 '탁' 치게 되죠. 특히 밀레니얼 세대들이 그런 사실을 더 절감하고 있습니다.

부동산을 구입한 경험은 부동산 투자로 이어집니다. 부동산 소득의 재미를 실질적으로 체험하게 되면 향후 부동산 투자에 매우 높은 관심을 가지게 됩니다. 거주에서 임대로 옮겨 가며 더 좋은 투자처를 찾게 됩니다. 즉 자본소득의 힘을 알게 된 것이라고 할 수 있죠. 무엇보다 미국은 한 사람이 수많은 주택을 동시에 보유할 수 있는 이점이 있습니다. 특별한 제약 없이도 임대업을 할 수 있으니 그런 좋은 조건을 마다할 이유는 없겠죠? 임대수익에 대한 소득세 신고만 충실히 한다면 미국의 부동산 임대업은 제법 괜찮은 수입원이 됩니다.

인플레이션과 금리 인상 그리고 미국 부동산

인플레이션은 강타자처럼 폭력적이고,
무장강도처럼 무섭고 치명적입니다 – 로널드 레이건

인플레이션은 세금이다 – 워런 버핏

인플레이션과 부동산

미국 정부는 전 세계의 코로나19 사태에 대처하기 위해 수많은 경기 부양책을 실시하고 개인에게 기업에 공공에 상상을 초월하는 수조 달러를 공급하였습니다. 그리고 급격한 인플레이션이 무섭게 치고 올라오며 40년 만에 물가상승률은 최고점을 찍었습니다.

인플레이션이 일어나게 되면 사람들은 제일 먼저 무엇을 할까요?

현금을 보유하고 있으면 현금의 가치가 내려가므로 물건으로 구입하여 가치 하락을 헷지를 합니다. 헷지(위험분산)를 하는 대표적인 자산으로 주식, 코인, 금, 부동산입니다.

집값 상승에 대한 주택시장의 반응과 부동산투자를 미국 연준의 입장에서 가장 두려워하는 것이 바로 인플레이션이라고 할 수 있습니다. 9%가 넘는 물가 상승률을 나타냄에 따라 연준에서는 빅 스텝(대폭 조정), 자이언트 스텝(광폭 조정)으로 급격한 금리 인상을 하였습니다.

인플레이션 현상으로 건축 자재비 상승이 높아지고, 인건비도 높아짐에 따라서 신축 주택, 기준 주택, 지역에도 상관없이 집값이 하루가 다르게 상승하였습니다.

인플레이션이 발생할 때, 부동산 투자를 선택하면 평가 절상이 인플레이션을 상쇄할 수 있습니다. 그리고 임대 부동산은 인플레이션 기간 동안 가장 수익성이 높은 자산 되기도 합니다. 뿐만 아니라 주택 구입 가격상승이 되면, 당연히 임대료도 상승하게 됩니다. 미연준의 지속적이고 급격한 금리 상승으로 고공 행진을 하던 인플레이션율이 5%대로 내려오기는 했지만 향후 몇 년간은 이와 유사한 상황이 계속 될 것으로 보입니다.

금리와 부동산

금리와 집값은 반비례한다고 합니다. 대체로 금리가 0.5~1% 오르면 집값은 1~2% 내리고, 금리가 내려가면 집값은 올라갑니다. 대출

금리가 상승하면 모기지 상환금이 올라가고 잠재 구매자의 수요가 줄어들게 됩니다.

모기지 이자율 차이를 비교 분석을 예를 들어보면

대출 금액 100만 달러 일때 이자율이 3.5% 의 월 모기지 지불액은 4,490.45달러이며, 이자율이 6.5% 의 월 모기지 지불액은 6,320.68 달러로 매월 모기지 지불액의 차액은 1,830.23달러입니다.

다시 정리하자면 매월 똑같은 모기지 지불액이라면 3.5%의 이자율로는 140만 달러의 주택을 구입할 수가 있으며, 6.5%의 이자율로는 100만 달러의 주택을 구입할 수 있습니다. 이자율에 따라서 구매가격의 차이가 무려 40만 달러입니다.

이처럼 이자율 상승은 더 높은 대출 비용을 감당해야 하므로 수요가 감소하게 되고 주택가격은 하락하게 됩니다.

반대로 대출 금리가 내리면 이자 부담이 줄어든 구매자들은 부동산 구매로 발걸음이 많아지면서 집값이 경쟁하듯이 올라가게 될 것입니다.

금리 상승은 주택 가격 하락으로 이어지는 것이 일반적인 현상이지만 팬데믹으로 사상 최저의 모기지 이자율로 주택을 소유한 소유주들이 금리 인상으로 주택 갈아타기가 어려워지면서 주택시장에 공급부족 현상을 초래했고 주택 가격 하락율이 저조해지고 있습니다.

앞으로 인플레이션이 잡히고 나면 급격하게 인상되었던 금리가 조정되어 모기지 이자율이 낮아지게 되면, 자산의 가격은 다시 상승 곡선을 그리게 될 것으로 보입니다. 이 흐름을 잘 파악을 할 수 있다면 투자에 성공할 수 있을 것입니다.

미국 부동산,
제대로 알고 투자하자

미국에서 '부동산'이라고 하는 것은?

부동산(不動産)은 말 그대로 '움직이지 않는 자산'을 말합니다. 하지만 그 안을 들여다보면 꽤 광범위한 내용이 들어가죠. 물, 나무, 광물, 건물, 주택, 울타리, 다리 등을 포함해 자연적인 것이든 인공적인 것이든 여러 가지 형태의 것을 부동산이라고 합니다. 토지에 부착된 영구적인 구조물은 물론이고 주택 개조를 하여 부착된 상태라면 모두 부동산이라고 정의합니다.

그런데 왜 이 시점에서 부동산의 정의를 뜬금없이 말하는 거냐고요? 그만큼 부동산의 정의가 매매를 할 때 아주 중요하기 때문입니다. 부동산의 본질을 잘 이해한다면 부동산 거래를 할 때 분쟁에 휘말릴 가능성을 낮출 수가 있습니다. 무엇이든 제대로 알고 가면 쉽게 해결할 수가 있습니다.

부동산이 무엇인지 문제를 통해서 한번 알아볼까요?

어려운 문제를 하나 내보겠습니다.

"부동산 매매를 할 때 전자레인지는 부동산 거래에 포함될까요?" 갑자기 웬 전자레인지냐고 하실 수 있겠지만 중요한 문제이니 짚고 넘어가겠습니다. 어떠신가요? 답을 내리셨을까요? 정답은 "부동산 거래에 포함될 수도 있고 아닐 수도 있다"입니다. 이럴 수도 있고 저럴 수도 있는 게 답이냐고요? 네~ 답이 맞습니다.

전자레인지가 집의 어느 부분에 부착돼 있다면 부동산 거래에 포함됩니다. 그런데 움직일 수 있다면 포함되지 않죠. 즉, '빌트인'의 개념입니다. 냉장고는 어떨까요? 빌트인이라면 부동산이지만 움직일 수 있는 냉장고, 그러니까 빌트인에 해당하지 않는 냉장고라면 선택사항이 될 수 있습니다.

일반적으로 부동산에 포함되는 집기류에는 오븐, 식기세척기 등이 있습니다. 냉장고, 세탁기, 건조기, 와인 냉장고 등은 선택사항인 경우가 많죠. 한국에도 일부 지역에 '단기 임대' 시스템이 있습니다. 임대주택의 사용료인 월세 안에 빌트인 제품을 사용하는 가격까지 포함한 시스템입니다. 한국은 TV, 냉장고, 에어컨, 가스레인지, 세탁기 등이 빌트인으로 제공되는 경우가 많더군요.

만약 마당이 있는 주택인데 뒷마당에 레몬나무 하나가 있다고 가정해 봅시다. 이 레몬나무는 부동산일까요 아닐까요? 마당에 튼튼하게 있다면 당연히 부동산에 속합니다. 그런데 화분에 심겨 있는 경우라면 부동산에 속하지 않을 수 있죠. 천장에 매달려 있는 비싼 샹들리에는 종종 분쟁의 대상이 되기도 합니다. 이처럼 부동산이냐 아니냐 서로 분쟁의 소지가 있는 물건들은 부동산 구매 계약 시에 꼭 표기를 해서 정확하게 개념을 분류해야 합니다.

부동산에 포함되지 않는 것들은 무엇이 있을까요? 자동차, 보트, 장신구, 가구, 농기구와 같은 물건들은 토지에 영구적으로 부착되지 않은 것들이기 때문에 부동산에 속하지 않습니다. 즉, 개인의 자산인 동산으로 분류합니다.

최근 몇 년 전부터 태양광 에너지에 관심이 높아지면서 태양광 패널을 설치한 경우가 많습니다. 만약 일시불로 구매해 설치한 패널이라면 부동산 가격에 포함해서 매매가 이뤄질 수 있습니다. 하지만 임차로 분납하는 조건으로 패널을 설치했다면 임차와 관련한 대출도 함께 이전 조치를 해야 합니다.

미국 부동산의 형태 3가지

미국의 부동산은 크게 주거용 부동산, 상업용 부동산, 산업용 부동산 이 3가지로 분류됩니다. 한국도 마찬가지지만 세부적인 내용으로 들어가면 비슷한 듯 조금은 다른 양상을 띠는 것이 미국 부동산입니다. 미국의 부동산은 어떻게 다른지 좀 더 자세히 알아보겠습니다.

1. 주거용 부동산

주거용으로 사용하는 부동산에는 단독주택, 타운하우스, 콘도, 4유닛 아파트(다가구 주택) 등이 있습니다. 단독주택은 말 그대로 '단독으로 지어진 집'으로, 벽이나 층간을 이웃과 공동으로 사용하지 않습니다. 다른 말로 '싱글 하우스'라고도 칭합니다. 만약 같은 동네에 비슷한 시기에 지어진 단독주택과 타운하우스가 있다면 단독주택의 가격이 좀 더 높습니다. 독립적인 주택으로 지어졌기 때문에 개인의 프라이버시를 지킬 수 있고 집을 리모델링하거나 수리할 때도 공동 주택의 성격이 강한 타운하우스보다 제약이 낮아 인기가 좋기 때문이죠.

특히 코로나19 팬데믹 이후에 단독주택에 대한 선호도는 더욱 높아지고 있습니다. 단독주택은 뒷마당이 있어서 개인의 취향대로 예쁜 정원을 만들거나, 수영장 또는 텃밭을 만들 수도 있습니다. 작은 골프 연습장을 만들어 취미생활을 다양하게 할 수도 있죠. 뒷마당이 상당히 넓어서 공간활용도가 높은 집이 많기도 하고, 관리하기 편하게 콘크리트로 마당을 만든 집도 있습니다. 뒷마당 위로 또 다른 독채의 집을 신축하여 개인의 요구사항에 따라 얼마든지 활용도가 높은 것이 단독주택의 특징입니다.

단독주택(싱글 하우스)과 타운하우스 가격 비교

- 지역 : 미국 캘리포니아 얼바인
- 공통 조건 : 침실 3개, 욕실 2~3개의 약 55평의 주택

- 단독주택 가격 : 150~350만 달러
- 타운하우스 가격 : 110~250만 달러
  ⇨ 같은 조건이라면 단독주택이 타운하우스보다 약 30~40만 달러 정도 더 가격이 높다.

미국의 단독주택

타운하우스는 다른 말로 '타운 홈'이라고도 합니다. 단층 또는 복층 구조로 지어져 있으며 옆으로 공동의 벽이 존재하기 때문에 'Attached home'이라고도 부릅니다. 타운하우스이지만 간혹 단독주택처럼 다른 집과 벽을 공동으로 사용하지 않는 타운하우스도 있습니다. 그런 타운하우스는 'Detached home'이라고 합니다. 타운하우스는 단독주택과 비교해 가격이 좀 더 낮은 편입니다. 따라서 뒷마당이 단독주택보다 작고 관리가 편하다는 이점 때문에 선택하기도 합니다.

대부분의 타운하우스는 주택 개발을 하면서 만들어진 주거 형태입니다. 공동 주택의 성격을 가지고 있기 때문에 거주하는 주민들끼리 커뮤니티를 이루고 있습니다. 또한 한국의 관리사무소와 유사한 'HOA'가 형성돼 있죠. 타운하우스 소유주들은 매달 'HOA fee'라는 관리비를 냅니다. 지불한 관리비는 주택의 외부 유지 보수 등에 사용됩니다. 또한 개인적으로 실내 공사를 하는 경우, 예를 들어 주택의 창문 교체를 한다거나 리모델링을 하는 경우에 시청에서 승인을 받아야 하지만 HOA의 승인을 따로 받아야 합니다.

미국의 타운하우스

콘도는 옆집과 벽을 공동으로 사용하며 위아래층도 공유합니다. 각각의 집은 각기 다른 소유주가 있으며 한국의 아파트와 가장 유사한 형태라고 볼 수 있습니다. 한국은 콘도라고 하면 휴양지나 관광지에서 공유 호텔의 개념처럼 사용되고 있는데 미국과는 많이 다른 개념입니다. 미국의 콘도와 같은 공유 주택은 맨 끝자리에 위치한 집이 제일 인기가 좋습니다. 조금이라도 개인 프라이버시를 누릴 수 있다는 장점 때문입니다. 은행에서 대출을 실행할 때는 단독주택과 콘도로 구분해 이자율을 정하게 됩니다. 만약 콘도에 해당하는 경우, 단독주택보다 더 높은 이자율을 책정받게 됩니다. 로스앤젤레스의 다운타운(DTLA)의 콘도는 한국의 아파트와 유사한 고층 형태로 되어 있으며 보안 시스템이 좋습니다. 다만 관리비가 타운하우스와 비교하면 비싼 편입니다.

4유닛 아파트는 임대용 부동산입니다. 4개의 개별 유닛을 가진 다가구 주택이라고 해서 4유닛 아파트라고 불립니다. 한국의 연립주택을 연상하면 거의 흡사합니다. 그런데 다른 점이 있다면 유닛 하나하나가 개별 소유가 아니고 4개의 유닛을 하나의 부동산으로 보고 거래한다는 점이 다릅니다. 4개의 유닛을 통째로 소유하면 임대를 놓기도 좋겠죠? 그래서 투자자들이 선호하는 부동산 형태이기도 합니다.

대출 기관에서는 4개의 유닛 아파트를 주거용 부동산으로 분류한다는 점도 투자자들에게 매력적인 요소로 작용합니다. 그런데 여기서 1개의 유닛이 더 추가돼 5개의 유닛이 되면 상업용 부동산으로 분류됩니다. 5개의 유닛보다 4개의 유닛을 더 선호하는 이유는 주거용 부동산으로 분류되어야만 모기지 대출을 받을 수 있기 때문입니다. 주거용 모기지 대출은 상업용 부동산 대출보다 이자율이 더 낮은 편이며 대출 기간도 30년까지 넉넉하게 받을 수 있습니다. 상업용 부동산의 대출 기간이 5년에서 7년인 것을 감안하면 상당히 좋은 조건이라고 볼 수 있겠죠.

2. 상업용 부동산

임대수익 또는 사업의 목적으로 사용되는 부동산을 말합니다. 일반적으로 주거용 부동산보다는 상업용 부동산의 수익률이 더 높습니다. 상가 부동산의 장점은 재산세, 건물 보험료, 유지관리비를 임차인이 내는 경우가 대부분이라는 점입니다. 따라서 건물주 입장에서는 임대료가 바로 순이익이 됩니다.

상업용 부동산을 매입할 때 주의해야 할 점이 있습니다. 누가 임차인으로 있는지를 살펴봐야 한다는 점인데, 탄탄한 프랜차이즈 업체가 임차인으로 있는 경우는 좋은 상가라고 할 수 있습니다. 대표적으로 스타벅스와 같은 매장이 그렇습니다. 꼭 유명한 프랜차이즈가 아니더라도 운영이 잘 되는 식당, 미용실 등이 입점해 있다면 좋은 상가입니다. 상업용 부동산에 투자할 때는 임차인의 형태 이외에도 건물의 상태, 땅의 용도, 임대 기간, 주변 환경이나 인프라 상황 등 여러 가지 조건들을 잘 살펴봐야 합니다.

아파트의 경우는 4유닛까지는 주거용으로 분류되는 반면, 5유닛부터는 상업용 대출을 적용받게 됩니다. 16유닛 이상의 아파트라면 상주하는 관리인을 따로 둬야 합니다. 임대용 아파트를 매입할 때는 몇 개의 유닛을 가진 아파트인지를 잘 따져보고 지역별 분석, 주변의 연평균 소득, 임대료 등을 다각도로 분석해서 투자해야 합니다. 괜히 공실률이 높은 아파트를 매입했다가 운영에 어려움을 겪을 수 있으니까요.

호텔, 골프장, 주유소와 같은 상업용 부동산은 부동산과 사업을 접

목해서 병행하는 형태이므로 구입할 때 관련 업종에 종사하거나 어느 정도 경험이 있을 때 하는 것이 좋습니다. 예를 들어 유명 프랜차이즈 호텔을 구입하고 싶어도 호텔 운영 관리 능력이 전무하다면 아예 매매 자체가 이루어지지 않기도 합니다.

3. 산업용 부동산

수익 창출을 목적으로 한다는 점에서 상업용 부동산과 유사합니다. 산업용 부동산에는 어떤 종류가 있을까요? 물류창고, 대규모 R&D 시설, 냉장 보관과 대형 유통센터 등이 이에 해당합니다. 농장, 광산, 공장이 있는 토지도 산업용으로 분류됩니다.

최근 가장 핫한 산업용 부동산은 바로 물류창고(Warehouse)입니다. 한국도 풀필먼트(Fulfillment) 사업이 확장되고 있죠? 미국도 코로나19 이후 온라인 산업이 급속히 발달하면서 물류창고의 매물 품귀 현상이 일어나고 있습니다. 그만큼 수요가 매년 폭등하고 있죠. 물류창고는 중소기업을 위한 대출(SBA Loan)을 활용해 매입하는 경우가 많습니다. SBA 대출을 실행하려면 회사의 사업 목적으로만 가능하며, 건물의 51%만 사용하는 조건을 충족하면 가능합니다. 장점은 낮은 투자 자본금으로 대출을 받아서 건물을 구입할 수 있다는 점입니다. 상업용 부동산 대출의 경우 최소 30% 또는 40% 이상의 투자 자본금을 요구하는데 비해 SBA 대출은 15~20% 다운페이먼트로도 가능합니다. 대출 기간은 상업 부동산이 7년인 것에 비해 SBA 대출은 25년으로 제법 길다는 것 또한 큰 장점입니다.

미국의 토지 소유권 개념은 이렇다

부동산에는 부동산 소유권과 소유에 대한 현재 또는 미래의 권리가 포함이 됩니다. 소유권 유무에 따라서 소유권이 있는 Freehold estates와 소유권이 없는 Non Freehold estates로 나누어 집니다. 그렇다면 미국의 토지는 소유권 개념이 어떠한지 한번 살펴보겠습니다.

1. 소유권을 가진 부동산

등기(Grant Deed)에 'Fee simple'이란 단어가 기재돼 있다면 부동산의 소유권이 있다는 것을 확인했다는 표시입니다. 이러한 부동산은 평생 또는 영원히 존재하는 무기한의 부동산입니다. 일부 유형의 부동산은 '상속 유산'으로 분류되며 소유자가 사망할 경우, 유언이나 법률에 의해 지정된 살아있는 상속인에게 상속됩니다. 대부분의 소유권 있는 부동산이 이에 해당하며 매입이 완료될 경우 해당 카운티에서 등기서류를 우편으로 받게 됩니다.

2. 소유권이 없는 부동산

소유권이 없고 임대 또는 임대 계약 조건에 따라 부동산을 사용할 권리만 있습니다. 소유권은 따로 집주인, 즉 임대인에게 있죠. 세입자가 포함되는 개념이기 때문에 종종 '임차권'이라고 하며 소유권이 없는 임차인은 상속이 불가능합니다. 대신 양도는 가능합니다.

부동산 거래를 할 때는 반드시 소유권이 있는 부동산인지 없는 부동산인지 확인해야 합니다. 시세보다 낮은 가격으로 시장에 나온 매물은 소유권이 누구에게 있는지 살펴봐야 하죠. 또한 부동산을 매입할 때는 '타이틀(Prelim title report)'을 꼭 점검해야 합니다. 장기 임대로 30년 또는 99년 임대 부동산(Ground Lease Properly)으로 되어 있는 경우도 종종 있기 때문입니다.

'땅'의 개념을 제대로 아는 자가 승리한다

부동산을 말할 때 단독주택, 타운하우스 등 건축물에 대해서는 잘 아는 사람도 막상 땅(토지)에 대해 물어보면 잘 모르는 경우가 허다합니다. 부동산은 땅의 개념으로부터 출발합니다. 땅의 개념을 잘 모르면 부동산을 제대로 안다고 할 수 없죠. 땅에는 몇 가지 물리적 특성이 있습니다. 한번 살펴볼까요?

1. 부동성

땅의 일부를 제거하거나 지형을 변경할 수는 있지만 땅이 가진 원래의 지리적 위치는 절대 변경할 수 없다는 뜻입니다. 땅이 위치한 곳이 좋은 곳인지 나쁜 곳인지에 따라 입지가 결정됩니다. 집을 보러 가는 '하우스 헌팅'을 하러 가면 집안 내부 구조는 너무 좋은데 바로 옆에 '프리웨이(Freeway, 자동차전용도로)'가 있어서 거래가 어려울 때도 종종 있습니다. 바닷가에 있는 집, 산속에 있는 집이 좋다고 위치를 다른 곳으로 옮겨버리면 어떻게 될까요? 아무리 좋은 집을 그대로 옮겨도 바다가 없고 산이 없는 집은 원래 가졌던 특징을 그대로 유지할 수 없다는 뜻과도 같습니다.

2. 불멸성

땅은 내구성이 있는 자산으로 파괴할 수 없습니다. 만약 집이 불에
타서 없어지더라도 땅은 영구히 보존됩니다. 재산 보험을 가입할 경
우에도 땅은 포함되지 않습니다. 보험을 필요로 하지 않는 영원성 때
문입니다.

3. 독창성

땅은 다 모양이 다릅니다. 두 구획의 땅이 정확하게 모양이 일치하
는 경우는 없습니다. 유사점이 있다고 하더라도 모든 구획은 위치가
일단 다릅니다. 나란히 위치한 두 개의 땅이 동일하게 보일 수 있다고
해도 도로가 어느 쪽에 나있는지에 따라 확연한 구별성을 가집니다.
비슷한 조건이라면 당연히 도로가 잘 나 있는 쪽의 땅이 경제성이 높
습니다.

2장

미국 부동산
어떻게
구매하나?

01
미국 부동산 구매 전에
생각해야 할 것들

왜 미국 부동산 투자를 하는지 다시 한번 생각하자

자, 어느 정도 미국 부동산이 어떻게 구성되어 있는지 아셨을 거라고 봅니다. 어떤 주거 형태가 있고, 어떤 구조로 부동산 시장이 돌아가고 있는지 조금은 이해되셨을 겁니다. 이쯤에서 직진하느냐, 아니면 다시 심사숙고하느냐의 기로에 서 있으시겠죠. 저는 투자를 하기 전에 신중한 판단을 해야 한다고 생각합니다. 작은 돈도 아니고 큰돈이 들어가는 부동산 투자를 대충 알고 시작할 수는 없습니다. 더구나 한국이 아닌 미국에 부동산 투자를 하려고 한다면 말이죠.

미국에서 부동산을 구입하는 절차가 그리 간단치는 않습니다. 현지에 거주하는 미국인도 이것저것 따져볼 게 많은데 한국에 거주하면서 투자하는 것이라면 더 자세히 살피고 돌다리도 두들기며 단계를 밟아가야 합니다. 추천 드리자면, 진짜 미국 부동산 전문가의 도움을 받아 구매절차의 A부터 Z까지 진행하는 것도 좋은 방법이겠죠. 지금부터 미국 부동산 계약에 대한 상세한 절차를 이해하기 쉽게 하나하나 익혀 나가면서 준비를 제대로 할 수 있도록 안내해 보겠습니다.

일단 미국 부동산의 구매 절차는 내국인과 외국인의 차이가 없습니다. 다만 현금으로 매입을 하느냐, 담보 대출을 끼고 하느냐의 차이가 있죠. 그렇다면 어떤 과정으로 부동산 구매를 진행해야 할까요?

1. 부동산 구매를 계획하고 결정한다

누누이 강조하지만 왜 미국 부동산에 투자하려는지 이유를 잘 생각해봐야 합니다. 미국 부동산이 매력적인 투자처라서? 자녀 교육 때문에 미국에 살 예정이 있어서? 이민을 가게 되어서? 1가구 2주택의 범위에서 벗어난 소유의 개념 때문에? 이처럼 개인마다 각기 다른 사정과 이유가 있을 겁니다. 부동산 투자는 스스로 결정하는 행위입니다. 누가 등 떠민다고 덜컥 할 수 있는 게 아니죠. 친구 따라 강남 가는 식으로 진행하면 절대로 안 됩니다. 모든 것은 자신의 의지에서 출발해야 후회가 없습니다.

2. 위치와 부동산의 형태를 결정한다

우리는 집을 살 때 어떤 위치에 어떤 유형의 집을 살 것인지를 심사숙고합니다. 한 번의 결정이 미래의 삶을 상당 부분 변화시키기 때문에 까다롭고 신중하게 결정을 내려야 합니다. 우선 주택을 구입한 후에 얼마 동안 거주를 할 것인지를 예상해야 합니다. 그리고 그에 맞는 예산을 짜서 주택을 선택합니다. 이때 어떤 유형의 주택을 구입하느냐에 따라 삶이 달라지기 때문에 주택 유형의 각각의 차이를 비교해 결정해야 합니다.

주택의 형태는 크게 단독주택과 콘도를 포함한 타운하우스가 있습니다. 제가 현장에서 일을 하다 보면 이런 질문을 많이 받습니다. "단독주택이 향후 가격상승이 좋다고 하던데 꼭 단독주택을 사야 하나요?", "타운하우스를 사도 될까요?" 어떤 선택을 하든 주택 구매를 하는 사람의 필요에 맞는 좋은 조건의 주택을 구입해야 합니다. 그렇다면 단독주택과 타운하우스의 차이는 뭘까요? 크게 구조, 위치, 유지관리, 가격 이 4가지 측면에서 비교해보겠습니다.

1) 구조
단독주택은 앞서 설명해 드렸듯이 말 그대로 단독으로 지어진 집을 말합니다. 뒷마당이 있으며 단층, 2층, 3층의 주택 유형이 있습니다. 단층은 오래전에 지어진 집의 경우에서 많은 편이며, 대부분의 단독주택은 2층의 구조의 형태를 보입니다. 최근 신축 분양 하는 단독주택의 경우, 3층으로 짓는 경우도 있습니다.

타운하우스는 집과 집 사이는 하나의 공통된 벽을 공유합니다. 이웃과 벽을 공유하기 때문에 소음 문제, 사생활 침해 문제 등이 발생할 수 있습니다. 공간이 넓게 구성된 단독주택보다 내부나 외부 공간 모두 상대적으로 적은 편이지만 최근 짓는 타운하우스의 경우는 현대적인 디자인, 높은 에너지 효율성 등으로 인기가 높은 편입니다.

2) 위치

위치는 가치 있는 부동산의 핵심입니다. 미래의 가치가 상승할 가능성이 높은 위치에 있는 부동산이 투자자들에게 매력적으로 느껴질 것입니다. 주변 이웃 분위기, 지역의 외관 및 편의 시설도 위치에 큰 부분을 차지합니다.

단독주택은 독립적인 성향이 높다 보니 인구가 밀집된 도시에도, 교외나 산속 같은 밀도가 낮은 지역에도 다양하게 위치합니다. 반면, 타운하우스는 공동주택이기 때문에 커뮤니티를 형성하고 있어 일반적으로 대도시 또는 대도시 인근 지역에 위치합니다.

3) 유지 관리

단독주택은 스스로 유지 보수를 하거나 유지 보수를 하는 사람을 따로 고용해야 합니다. 뒷마당에 잔디가 있다면 정원사를 고용하고, 수영장이 있다면 수영장 관리사를 고용합니다.

타운하우스의 유지 보수면에서 관리하기 편하다는 이점이 있습니다. 커뮤니티가 형성돼 있고 HOA가 있어서 관리 보수의 유지와 균일성이 좋습니다. 주택 구매자의 특징이 활동적이고 이동이 많은 사람이라면 단독주택을 소유해 관리하는 것보다 타운하우스를 선택해 관리하는 것이 보다 편리합니다.

4) 가격

타운하우스가 단독주택보다 반드시 가격이 싼 것은 아닙니다. 일반적으로 타운하우스의 가격은 같은 크기, 같은 지역, 유사한 조건에서는 단독주택보다 가격이 낮습니다. 그 말은 반대로 생각하면 같은 구매 가격이라면 타운하우스가 단독주택보다 조건이 훨씬 유리하다는 뜻도 됩니다. 주택의 크기가 더 클 수도 있고, 더 좋은 입지에 있을 수 있습니다. 만약 주택을 처음으로 구매하는 경우라면 타운하우스 구매를 시작으로 단독주택으로 갈아타는 것도 한 방법입니다.

3. 예산을 세운다

주택이든 임대 부동산이든 투자의 형태가 결정되었다면 그에 맞는 예산을 세웁니다. 내가 가용할 수 있는 범위의 구매가격을 산정해 부동산을 구매할 수 있는지의 여부를 알아봅니다. 현금 구매를 할 것인지, 아니면 주택 담보 대출을 활용할 것인지 구체적인 계획을 세워 실행에 옮깁니다. 먼저 예산을 세우고 그다음에 원하는 집의 크기, 형태, 지역 선정을 해도 좋습니다.

예산에 따라 자본금인 다운페이먼트, 구매 비용(Closing Cost), 이사 비용, 인테리어 비용 등을 충분하게 준비하는 게 좋습니다. 대출을 받아 주택 구매를 진행한다면 대출을 위해 준비해야 할 사항 등에 대해서도 파악하고 있어야 합니다.

대출을 받기 위한 준비는 철저히!

주택 구매를 위한 대출을 실행하기 위해서는 다음과 같은 사항들을
준비해야 합니다.

1. 개인소득 증명
주택 담보 대출을 받으려면 개인소득을 증명해야 합니다. 개인의
연간 소득, 즉 연봉은 대출에서 매우 중요한 기준이 됩니다. 연봉을
확인하는 이유는 대출 상환 능력이 있는지 보는 것으로 연봉이 높을
수록 더 많은 대출금의 대출을 받으실 수가 있습니다.

소득증명은 최근 2년간 미국 국세청(IRS)에 세금을 보고한 내용을
기준으로 합니다. 대출 기관은 총 부채비율(DTI)을 적용해 모기지 대
출을 잘 상환할 수 있는지의 여부를 확인합니다. 모기지 부채 비율은
대략 연 소득 금액의 30% 정도로 간단하게 계산해 대출 가능 금액
(LTV)을 알아볼 수 있습니다. 예를 들어 연 소득이 12만 달러라면 매달
1만 달러 정도의 소득이 있는 것으로 간주해 월 3천 3백 달러의 주택
담보 대출이 적용됩니다.

세금 보고를 매년 다르게 하는 경우는 최근 2년의 평균값을 소득으
로 간주합니다. 예를 들어 2020년에는 개인소득 신고를 15만 달러를

하고 2021년에는 10만 달러를 했다고 가정하면 대출 기관에서는 개인의 소득이 하락하고 있다고 추정하고 평균보다 낮게 부채비율을 적용할 수 있습니다. 반대로 2021년 소득이 이전보다 더 올랐다면 평균값이 오르기 때문에 대출 가능 금액도 그만큼 오르게 됩니다.

소득증명으로는 IRS에 세금보고서를 사용할 수도 있고, 세금 보고 없이 대출을 받는 경우에는 고용 확인서로 대신할 수 있습니다. 만약 외국인이 대출을 받을 경우에는 해당 국가의 소득증명으로 대출을 받을 수 있습니다.

2. 잔고증명서(다운페이먼트)

미국에서 주택을 구매하려면 자금 증명서 (잔고증명서)는 계약서(Offer)를 할 때 꼭 필요로 하는 서류 중의 하나입니다. 이것은 구매자가 다운페이먼트와 에스크로 비용까지 충분한 자금을 준비하고 있는지를 확인하는 과정이라고 볼 수 있습니다. 다운페이먼트로 활용할 수 있는 돈으로는 은행 저축 계좌, 체킹 계좌, 401K 연금계좌가 있습니다. 대출을 받는 경우에는 다운페이먼트 할 자금을 2개월 이전에 은행 계좌로 입금되어 있어야 합니다. 부모나 배우자, 형제, 친구로부터 증여로 받은 것도 가능합니다. 증여로 받은 것은 실거주하는 주택에 한정해서 가능합니다.

에스크로 클로징 비용

모기지 대출 수수료, 에스크로 수수료 등 주택 거래 시 발생하는 여러 부대 비용을 의미합니다. 구매자는 일반적으로 중개수수료를 지불하지 않습니다. 대부분은 판매자가 중개수수료를 지불합니다.

에스크로(Escrow)란?

에스크로(Escrow)는 '안전거래'를 뜻하는 말로, 미국 부동산 거래의 특징입니다. 미국은 부동산을 거래할 때 매도자와 매입자 사이에 이해관계가 없는 제3자의 중립기관으로 역할을 하는 것이 에스크로로입니다. 에스크로는 계약 조건이 충족될 때까지 일시적으로 제3자가 자산과 돈을 보유하는 법적인 약정입니다. 따라서 부동산 거래 시 송금을 당사자에게 직접 하지 않고 에스크로의 트러스트 계좌로 합니다.

401K

미국의 퇴직연금을 뜻하며 이 연금을 다운페이먼트 자금으로 사용할 수 있습니다. 미국의 세법인 'Internal Revenue Code 401조 K항'에 직장가입 연금이 규정돼 있어 흔히 '401K'라고 부릅니다.

3. 신용 평가 보고서

미국 생활에서 자동차 구매를 하거나, 스마트폰을 구입하거나, 아파트 임대를 하거나 주택 담보 대출을 받을 때 꼭 필요한 것이 바로 신용 평가 보고서입니다. 신용 평가 점수에 따라 자동차 구매나 주택 구매 시에 이자율이 크게 차이가 나며, 주택 또는 아파트 임대를 할 때도 월세 보증금액이 달라집니다. 신용카드 발급 시에는 신용카드의 사용 한도금액이 달라집니다.

신용 점수는 신용 평가 보고서의 정보를 기반으로 산정됩니다. 신용 평가 보고서는 3개의 주요 신용평가 기관인 에퀴팍스(Equifax), 익스페리언(Experian), 트랜스유니온(TransUnion)에서 준비한 개인 신용 기록을 바탕으로 작성됩니다. 거기에는 개인 정보, 재정 상태에 대한 세부 정보, 파산과 같은 재무적 상태의 공공기록 등이 기재되어 있습니다. 개인 정보에는 소셜 정보, 생년월일, 현재 주소, 이전 주소, 직장 정보가 모두 기록되며 계정 정보로는 지난 7~10년 동안의 신용 계정에 관한 기록으로 연체, 파산 등의 기록도 포함됩니다. 이처럼 신용 평가 보고서에는 개인의 재정적인 모든 사항이 기록되기 때문에 각별한 유지 관리가 필요합니다.

신용 평가 보고서에서 우리 한인들이 각별히 주의해야 할 게 있습니다. 한인들의 경우, 같은 이름, 같은 성을 가진 경우가 많습니다. '제임스 김'이란 이름을 가진 사람이 미국 전체에 10만 명이 넘을 수 있다는 것이죠. 동명으로 인해 다른 사람의 저당권이 나에게 들어오는 경우가 종종 발생하기도 합니다. 그러한 불상사를 미연에 방지하기 위해 약간의 팁을 드린다면, 한국 이름, 영어 이름을 동시에 사용하는 것도 좋은 방법 중의 하나입니다. 예를 들어 'Jongsik James Kim'이라고 쓰는 겁니다.

처음 신용카드 신청하는 방법

미국 생활을 처음 시작할 때 만드는 신용카드를 '시큐어드 크레딧(Secured Credit) 카드'라고 합니다. 은행에 보증금으로 1년 동안 예탁을 가능한 금액 1천 달러 또는 1만 달러를 맡겨 놓고 그 금액 한도 내에서 크레딧을 사용할 수 있는 카드를 말합니다.

일반적으로 보증금은 1년 후에 되돌려 받을 수 있으며 관리를 잘하셨다면 일반 신용카드로 업그레이드할 수 있습니다. 신용이 좋다면 한도 금액이 올라 갈 수도 있습니다. 제일 좋은 방법은 이미 신용점수가 좋은 사람의 어카운트에 들어가는 것입니다.

신용 점수(FICO Score)

신용점수는 300점부터 850점까지 있는데 점수가 높을수록 좋은 신용을 증명합니다.

629점 이하 - 신용도 나쁨
630~689점 - 신용도 낮음
690~719점 - 신용도 좋음
720~850점 - 신용도 아주 좋음

주택을 구매하려면 740점 이상의 점수를 가지고 있을 때 가장 좋은 모기지 이자율을 받을 수 있습니다. 신용점수를 높이는 방법으로는 무엇이 있을까요? 일단 신용카드 대금, 모기지 상환금, 자동차 할부금 등의 연체가 없어야 합니다. 매달 신용카드 잔액 전액을 지불하는 습관을 들이고, 단기간에 너무 많은 신용카드를 신청하지 않아야 좋은 신용점수를 유지할 수 있습니다. 또한 신용카드의 부채 비율은 한도액의 30%를 넘지 않는 것이 좋고 가능하다면 10% 정도로 유지하는 게 좋습니다.

부동산 구매는 입지(Location) 조건을 꼭 봐야 한다

부동산을 구매했다고 하면 사람들은 제일 먼저 이렇게 질문합니다. "어디에 샀어? 어느 지역이야?", "주변에 뭐가 있는데? 어머! 살기 좋은 곳이네? 좋겠다!" 모두 '입지'에 대한 반응입니다. 그만큼 부동산에서 입지는 중요한 가치 척도가 됩니다. 입지가 어떠냐에 따라 추후에 가격의 가치도 달라지기 때문이죠. 가격 상승을 고려해서도 그렇지만 무엇보다 살기 좋은 곳을 사람들은 선호하기 마련입니다.

부동산 구입을 하면서 나쁜 위치를 찾는 사람은 거의 없습니다. 좋은 위치라는 것은 곧 살기 좋은 지역을 의미합니다. 좋은 지역의 선정은 각 개인의 상황과 경험, 라이프 스타일에 따라서 다릅니다. 직장 출퇴근이 편리한 곳, 자녀 교육을 위한 곳, 부모님이나 친구와 가까운 곳, 취미생활을 하기에 좋은 곳일 수 있습니다. 또는 고층 빌딩이 있는 다운타운을 좋아하는 사람도 있을 수 있고 전원주택과 같은 교외

지역을 좋아하는 사람도 있을 겁니다. 산을 좋아하는 사람도 있지만 바다를 좋아하는 사람도 있겠죠.

자신의 취향과 필요에 의한 지역 선정을 한 다음, 그 지역에서 좋은 위치를 찾아갑니다. 주변 환경이 좋다는 것은 그 지역이 안전한 지대라는 것을 의미하기도 합니다. 생활 편의 시설이 좋다는 것은 살기 편한 곳이라는 것을 의미하기도 합니다. 집값이 높은 지역은 생활 수준도 당연히 높을 수밖에 없습니다. 평균 임대료가 낮다면 소득 수준이 낮다고 할 수 있습니다. 학교의 수준이 높다면 자녀교육에 관심이 많은 학부모들이 그 지역에 모여 살고 있을 가능성이 큽니다. 그들은 범죄통계가 낮은 지역에 살고 싶어 합니다. 게다가 취업의 가능성이 높다면 그 지역에 인구 증가 현상이 일어나게 됩니다.

이렇게 입지를 선택할 때는 여러 가지 조건을 따져보아야 합니다. 처음 미국에 주택을 구매하려는 외국인이라면 이것저것 고려해야 할 게 많아서 너무 복잡하다는 생각을 할 수 있습니다. 그런데 아주 간단하게 살기 좋은 곳을 찾는 쉬운 방법이 하나 있습니다. 낯선 미국 땅에서 어디에서 살아야 할지 암담하다면 이민 선배들이 터를 잡은 곳을 눈여겨보는 것도 한 방법입니다. 한인들이 많이 살고 있는 동네가 바로 그런 동네입니다. 이민 선배들이 오랜 기간 검증한 지역이기 때문에 실패할 확률을 현저하게 낮출 수 있습니다.

그렇다면 그중에서도 좋은 입지란 어떤 곳일까요? 일단 '좋은 학군'에 속하는 곳을 우리는 좋은 입지로 평가합니다. 좋은 학군이 되려면 여러 가지 환경적 사항들을 충족해야 하기 때문입니다. 이미 좋은 학군이 갖춰진 곳은 다른 사항을 추가로 더 따져보지 않아도 되는 보장성이 있습니다. 인종과 민족을 넘어서 자녀에 대한 사랑은 모두 한마음입니다. 어디를 가나 엄마의 파워는 대단하니까요.

저도 그저 평범한 학부모입니다. 교육에 관심은 있지만 사실 전문적으로 잘 알지는 못합니다. 아이들의 재능이 뛰어나면 키워주고 모자라는 부분은 보완해주는 교육이 진짜 교육이라고 생각합니다. 미국은 그런 시스템이 잘 갖춰진 나라입니다. 미국 내에서도 최상위 랭킹을 차지하는 옥스퍼드 아카데미, 휘트니 스쿨, 트로이 스쿨은 공립학교이지만 입학시험을 거쳐서 학생들을 선발합니다. 학생들은 이 학교를 들어가기 위한 과외를 따로 받을 정도죠.

한인들의 교육열은 미국에서도 빛을 발합니다. 한인들이 많이 거주하는 지역은 교육열이 높은 지역이라고 해도 과언이 아닙니다. 오렌지 카운티 지역의 플러튼과 인근 얼바인이 특히 한인들이 선호하는 지역입니다.

1. 플러튼(Fullerton)
플러튼(Fullerton)은 코리아 한인 타운, LA다운타운으로 출퇴근이 가능한 곳으로, 자동차로 30~40분 정도 소요되는 거리에 위치해 있습니다. 한국은 입지 조건을 지하철 등의 대중교통시설로 본다면, 미국은 진입이 용이한 고속도로가 주변에 몇 개 있는지를 고려합니다. 플러튼 인근에는 고속도로 5번, 57번, 91번, 605번 총 4개의 고속도로가 있습니다. 이 중에서 남북을 가로지르는 5번 고속도로는 아주 중요한 역할을 합니다.

도로 입지가 좋은 플러튼은 교육환경 또한 뛰어나 자녀를 양육하기에 최적인 곳입니다. 플러튼의 명문인 써니힐 고등학교와 수학, 과학, 컴퓨터에서 미국 전체에서도 최우수학교로 선정되는 트로이 고등학교가 있습니다. 코리아타운에 직장이나 사업체를 가지고 있는 분들이 자녀가 학교에 들어갈 때가 되면 플러튼으로 이사를 오는 경우가 많습니다. 명문 학교가 있는 것 외에도 학교 주변으로 애프터 스쿨, 영어, 음악 학원, 스포츠 아카데미 등 다양한 학원들이 있어 다방면의 교육활동을 할 수 있으며, California State University of Fullerton, Fullerton College 2개의 대학교가 있습니다.

사람이 살아가는 데 있어 중요한 것 중 하나가 자연이 어우러지느냐 아니냐의 문제입니다. 즉, 자연환경이 잘 조성된 곳은 삶의 만족도가 높을 수밖에 없습니다. 플러튼은 자연환경이 좋은 지역입니다. 자연적으로 생긴 하이킹 코스, 나무숲이 우거진 트레일, 주택가의 작은 공원, 대공원 등이 잘 조성된 지역입니다. 플러튼의 날씨는 사계절 내

내 좋은 편이고 쾌적한 날씨를 즐길 수 있는 골프장도 인근에 5개가 있습니다.

플러튼은 역사적으로 농업의 중심지였기 때문에 레몬 오렌지 과수원이 아직도 남아 있는 곳이 있고, 주택의 뒷마당에 오렌지나 레몬 나무 한 그루쯤은 가지고 있답니다. 저도 가끔 요리하다가 레몬이 필요하면 우리 집 뒷마당에서 해결을 합니다. 텃밭을 가꾸기도 합니다. 현재는 오렌지 카운티의 가장 중요한 유통, 물류, 무역의 중심지로 떠오르고 있으며 한국의 업체 중 두부 제조업을 하는 풀무원과 CJ Food가 플러튼에 위치 해 있습니다

플러튼은 오렌지 카운티의 한인타운으로 형성된 부에나팍 상권에 인접하여 생활이 편리합니다. 살기 좋은 동네로 소문이 나면서 계속해서 한인 인구가 증가하는 도시이며, 점차 한인들의 위상이 올라가면서 현재 플러튼 시장(Fred Jung)도 한국인입니다.

이런 면을 종합적으로 고려해볼 때 플러튼은 부동산 투자하기 적합한 아주 매력적인 도시입니다. 투자 대비 임대 수익률이 좋은 도시로, LA의 행콕팍이나 얼바인의 주택 가격과 비교한다면 오히려 주택 매매가격이 더 낮은 편입니다. 그럼에도 임대 수요는 꾸준히 증가 추세에 있습니다. 다만 지은 지 오래된 집이 많다는 점을 감안할 필요는 있습니다. 예를 들어, 단독주택을 150만 달러에 구입했다면 월 임대

료는 얼마나 나올까요? 약 5천 5백 달러 정도가 나옵니다. 미국의 살기 좋은 곳의 순위와 리뷰를 하는 플랫폼인 니체(Niche)에서 플러튼은 A⁻를 받았습니다. 리뷰 항목으로는 공립학교, 주택, 가족, 직장, 생활비, 치안, 야외활동, 교통, 다양성 등으로 등급을 정해 순위를 매기는데, 플러튼은 상위에 랭킹된 지역으로 선정됐습니다.

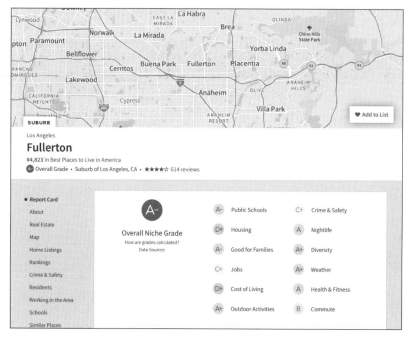

참고 웹사이트 https://www.niche.com

2. 부에나팍(Buena Park)

부에나팍은 오렌지 카운티에서 한인타운으로 잘 형성되어 매우 인기가 좋은 곳입니다. 멜번과 비치길을 중심으로 한인 대형 슈퍼마켓이 3개가 있어서 한국 식료품, 생활용품을 저렴한 가격으로 편리하게 이용할 수 있습니다. 예전에는 LA 코리아타운까지 나가야만 살 수 있던 여러가지 제품들을 이제는 부에나팍에서도 손쉽게 살 수 있게 되어서 더욱 부에나팍으로 이주하는 사람들이 늘어나고 있습니다. 또한 대형 마켓을 중심으로 주변에는 각종 식당, 은행, 병원, 약국, 미용실, 세탁소, 베이커리샵, 여행사, 안경점, 정육점, 휴대폰 상점 등의 한인 인프라가 잘 갖추어진 도시입니다. 또한 미국 대형마켓, 코스트코, 레스토랑, 쇼핑센터, 홈디포 등 생활에 필요한 상가들이 인접하여 있으므로 생활의 편리성을 만족시켜 줍니다.

비치길에는 병원, 변호사, 회계사, 부동산, 보험, 식당, 사무실 등이 있으며, 메트로 링크(전철)역이 부에나팍에 있어 LA다운타운이나 한인타운으로 출퇴근하기 용이하여 한인들의 인구가 늘어나고 있습니다.

부에나팍에는 놀이공원 낫츠베리팜이 있으며, 인근에 디즈니랜드가 있습니다. 한인 주도로 부동산 개발을 한 부에나팍의 또 다른 명소 '더 소스몰'이 있습니다. 더 소스몰은 한국영화를 볼수 있는 CGV 극장이 있고, 다양한 식당과 카페, 뷰티·패션샵 등이 있는 엔터테인먼트 쇼핑몰입니다.

부에나팍 한인 상권은 주변의 플러튼, 라미라다, 라하브라 그리고

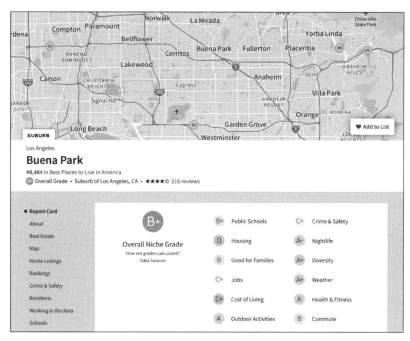

참고 웹사이트 https://www.niche.com

브레아, 애너하임에 거주하는 한인들의 핫플레이스로 부상을 하고 있습니다.

3. 얼바인(Irvine)

오렌지 카운티의 얼바인(Irvine)은 LA 다운타운에서 약 45마일(약 72Km)로 자동차 약 1시간 정도 소요되며, 오렌지 카운티의 제2의 한인타운의 중심지 부에나팍 까지는 20마일((약 32Km) 거리가 되고 자동차로 20여 분 정도 소요됩니다. 얼바인의 인근으로 최근 부상하는 지역은 레이크 포레스트와 터스틴 지역입니다. 그 외에도 오렌지 카운티에서 가장 부촌으로 속하는 뉴포트 비치와 뉴포트 코스트가 바로 인접해 있습니다. 얼바인은 한국에서 더 유명한 지역이라고나 할까요? 그래서 제 유튜브에서도 여러 번 소개했던 곳입니다.

얼바인은 계획된 도시로 50여 개의 커뮤니티로 이루어져 있으며 각각의 커뮤니티는 독특한 건축 테마로 개발되었습니다. 전 세계에서도 살기 좋은 도시로 잘 알려진 곳으로 특히 한국에서 미국의 강남으로 부를 정도로 유명한 곳이기도 합니다. 얼바인이 살기 좋은 도시로 손꼽히는 첫 번째 이유는 안전한 도시이기 때문입니다. 비즈니스 위크지에서도 '살기 좋은 도시', '안전한 도시'로 랭킹 되었습니다. 두 번째로는 깨끗한 도시이기 때문입니다. 얼바인 공화국이라고 할 만큼 유지 관리가 잘 되는 곳입니다. 한눈에 봐도 정리 정돈이 잘 되어 있어 누구든 깨끗하다는 것을 느낄 수 있는 곳입니다. 세 번째는 뛰어난 교육환경입니다. UC의 명문으로 알려진 UC Irvine이 있습니다. Irvine Company가 얼바인 도시를 개발할 때 대학 캠퍼스를 위해 단돈 1달러에 1,000에이커(약122만 평)의 대지를 기부했다고 합니다.

얼바인은 뛰어난 학군과 직장, 주거 환경을 갖추고 있어서 많은 사람들이 자녀교육을 위해 많이 이주하는 곳으로도 유명합니다. 또한 유명 연예인이 많이 거주하는 곳으로 알려져서 더 유명해진 듯합니다.

흡사 한국의 대치동과 같은 느낌이라고나 할까요? 명문대로 손꼽히는 캘리포니아 얼바인 대학이 있습니다. 대학 관련 교환교수, 학생, 연구원이 있어서 학구적인 분위기가 조성돼 있습니다. 얼바인의 공립학교는 미국 전체에서도 상위권에 속합니다. 얼바인의 명문 고등학교로 알려진 곳은 유니 하이스쿨, 노스우드 하이스쿨, 그리고 최근에 상승세를 보이고 있는 백맨 하이 스쿨이 있습니다. 그 외에도 얼바인에 위치한 학교 대부분이 높은 등급을 받고 있습니다. 사립학교로는 얼바인 바로 옆에 위치한 뉴포트 코스트에 명문학교 세이지 힐 스쿨이 있고 얼바인의 명문으로 꼽히는 TVT 데이 스쿨이 있습니다.

자연환경은 건강과 직결된다고 하죠? 얼바인은 동네마다 쉽게 산책할 수 있는 공원, 스포츠 활동을 할 수 있는 큰 공원 등이 잘 갖춰져 있습니다. IT 기업, 메디컬 관련 기업들이 성장하면서 취업 가능성이 점차 높아지는 젊은 도시입니다. 또한 한인 대형 마트를 비롯한 한인 커뮤니티도 점점 성장하고 있습니다.

얼바인의 현재 인구는 30만 명정도 되며 인구증가율이 높은 편입니다. 인구 분포 비율에서 1980년대에 백인 87.8%에서 2020년 37.7%로 변화하였고, 아시안은 1980년대에 7.8%에서 2020년 45.4%로 가장 큰 변화를 하였을 뿐만 아니라 가장 많은 비율을 차지하고 있습니다.

얼바인 주택 시장의 큰 매력은 그레이트 팍, 오차드힐, 포톨라 스프

링스 등의 신규주택이 많다는 점입니다. 이를 보면 얼바인은 계속 성장하는 도시라는 것을 알 수 있습니다. 얼바인의 다양한 주거 요건은 인구의 지속적인 유입을 불러오고 있습니다.

그렇다면 얼바인의 주택 가격은 어느 정도 될까요? 코로나19 이후 얼바인의 주택 가격은 급상승을 했습니다. 현재 150만 달러 정도를 지불하면 52평 규모의 타운하우스를 구매할 수 있습니다. 임대를 할 경우, 월세는 5천 달러 정도 됩니다. 얼바인은 주택가격 상승률이 다른 지역에 비하여 높습니다.

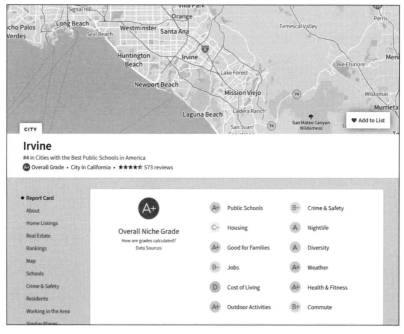

참고 웹사이트 https://www.niche.com

최근 한국사람들에게 인기가 높은 세 지역을 살펴봤는데요. 부동산을 구매하는 입지 조건은 개인적인 상황에 따라 직장에서 가깝다든지, 가족의 안전을 보장받을 수 있다든지, 마트, 병원 등의 생활 편의 시설이 가까워 만족한다든지 하는 조건도 있습니다. 누구에게나 좋은 입지가 모두에게 꼭 필요한 입지 조건은 아니기 때문에 자신의 상황에 맞는 좋은 조건의 입지를 찾아야 합니다. 그렇다면 피해야 할 입지의 조건에는 어떤 것들이 있는지 살펴보겠습니다.

▶ 피해야 할 입지 조건

- 자동차전용도로, 고속도로에 너무 가까이 인접한 곳
- 도로가 연결되지 않은 맹지
- 소음이 발생하는 곳(비행기 착륙장)
- 악취가 발생하는 곳(분뇨시설, 축사 인근)
- 혐오시설이 들어선 곳
- 지역의 발전 가능성이 더딘 곳

입지 조건이 들어맞다면 그 지역에서 가장 나에게 적합한 부동산을 찾아봅니다. 단독주택을 구매할지, 타운하우스 또는 콘도를 계약할지, 아니면 시니어 하우스를 알아볼지 개인의 상황에 맞는 주택을 선정합니다. 건물의 종류와 외형도 중요하지만, 내부적인 시스템도 꼭 점검해야 합니다. 침실은 몇 개가 필요한지, 욕실의 개수는 어떤지, 집의 크기는 전반적으로 큰지 작은지 등을 고려해 선택합니다. 앞마당이 뒷마당보다 넓은 집인지, 뒷마당의 전경이 좋은지, 수영장이 갖춰진 집인지도 알아봅니다.

02
미국 부동산
구매절차 3단계

1단계 - 준비 단계

1. 믿을 만한 부동산 중개인을 찾아라

미국의 주택을 구매하기로 결정했다면 이제부터 단계별로 신중한 검토와 함께 정확한 절차를 밟아나가야 합니다. 일단 사전 대출 승인을 알아보고 구매 가능한 부동산의 예산을 책정해야 하죠. 사전 승인을 받기 위해서는 다운페이먼트의 은행 잔고 증명서, 개인 소득 증빙 서류, 신용 평가 보고서 등 기본적으로 주택담보 대출에 꼭 필요로 하는 3가지의 가장 중요한 서류이며 그 외의 것들은 절차에 따라서 준비하게 됩니다.

일단 한국과 다른 시스템으로 돌아가는 미국 현지의 부동산 체계를 단번에 파악하기란 쉽지 않습니다. 어느 정도 공부를 하고 하나하나 주도면밀하게 체크해 가며 진행하는 게 아니라면 오류가 생기거나 곤

란한 상황에 빠트리는 일이 생길 수도 있겠죠. 이런 일을 방지하기 위해 현지 부동산 중개인에게 도움을 요청하는 것도 좋은 방법입니다. 모르는 것을 전문가에게 물어보는 건 부끄러운 일이 전혀 아니니까요.

그렇다면 믿을 만한 부동산 중개인은 어떻게 찾을 수 있을까요? 최근에는 유튜브, 블로그를 통해 미국 부동산을 소개하는 현지 중개인들이 많아졌습니다. 그중에서 괜찮은 채널을 선정해 그들이 하는 이야기를 들어보고 신뢰도가 있는 중개인인지 아닌지 일단 파악합니다. 채널을 올리는 성실성, 근면성, 정보의 정확성 등 모두를 고려해 자신의 상황에 적합하다고 판단되면 적극적으로 연락을 취해보는 것이 좋습니다.

▶ 부동산 중개인을 선정할 때 고려할 사항들

- 실무 경험이 풍부한가?
- 거래실적이 많은가?
- 정확하고 적합한 솔루션을 제시하는가?
- 근면하고 성실한가?
- 언어 소통에 불편함은 없는가?

부동산 중개인을 통해 일을 진행하게 되면 부동산 거래 준비부터 마무리까지 그 모든 전 과정을 함께하게 됩니다. 지역 선정, 사전 대출 승인, 구매 예산 책정 등 자잘한 것부터 굵직한 사항까지 함께 결정하고 해결해나가는 동반자가 되는 것이죠. 그렇기 때문에 구매자는 좋은 중개인을 만나는 것이 우선되어야 하며 부동산 중개인은 구매자의 모든 과정을 정확하게 진행시켜줘야 합니다. 서로의 신뢰가 수반되어야 큰돈이 오가는 부동산 거래를 무리 없이 성사시킬 수 있습니다. 또한 리얼터의 라이센스 번호를 확인하는 것도 한 가지 방법입니다. 캘리포니아주의 경우에는 라이센스 번호가 021XXXXX 처럼 앞에서 두 번째 숫자가 2로 시작한다면 최근에 라이센스를 취득한 리얼터라고 보시면 됩니다.

부동산 중개인을 먼저 알아보기 전에 부동산 웹사이트를 방문해 집의 매물과 구조, 상태를 미리 점검해볼 수도 있습니다. 아니면 오픈하우스를 찾아가 직접 상담을 받아보는 것도 한 방법입니다. 이러한 방법들에 대해 좀 더 자세히 알아보겠습니다.

집을 볼 때 꼭 챙겨 보셔야 하는 것이 있습니다. 직접 집에 가서 확인하는 것이 좋습니다. 요즘에 사진 기술이 워낙 좋아서 사진과 실제로 차이가 나는 경우가 종종 있기 때문입니다. 집안의 냄새를 확인하여야 합니다. 애완동물 냄새, 음식 베인 냄새, 곰팡이 냄새, 담배 냄새가 날 수도 있습니다. 집 외부에는 주변에 세워진 차량을 본다든가, 집 관리 상태를 보는 것도 크게 도움이 됩니다.

1) 미국 부동산 플랫폼으로 집 알아보기

한국에서도 멀리 있는 미국의 집을 찾는 방법이 있습니다. 바로 부동산 플랫폼으로 검색을 미리 검색을 해보는 것입니다. 부동산 플랫폼 검색만으로도 각 도시의 주택의 유형, 침실의 개수 등을 살필 수가 있고, 가격도 다양하게 비교 분석할 수 있습니다. 가장 많이 알려진 플랫폼은 '질로우닷컴(zillow.com)'입니다. 관심 있는 지역의 매물을 검색하면 쉽게 여러 정보를 열람할 수 있게 구성돼 있습니다. 매물의 집 값의 추세까지 여러 정보를 쉽게 찾아볼 수 있게 되어 있어서 많은 구매자들이 집 찾기로 애용하는 플랫폼입니다. 하지만 간혹 이미 팔린 집이 그대로 올라와 있거나 시장에 나오지 않은 집이 올라와 있는 경우가 있으니 주의하셔야 합니다. 특히 월세를 찾을 때는 허위매물이 있을 수 있으므로 각별히 조심해야 합니다.

'레드핀닷컴(Redfin.com)'도 질로우닷컴과 비슷한 부동산 플랫폼으로, 매물 구입 시에 다운페이먼트 대비 월 모기지 지불액을 계산할 수 있는 시스템이 있습니다. 제가 가장 추천하는 부동산 플랫폼은 '리얼터닷컴(realtor.com)'입니다. 앞서 이야기한 플랫폼들보다 정보 면에서 좀 더 정확도가 높은 편이기 때문입니다.

2) 부동산 중개인 통해 집 알아보기

부동산 중개인의 장점은 그 지역에 대한 정보를 그 누구보다 많이 가지고 있다는 점입니다. 그리고 또 하나, 중개인만이 검색할 수 있는 플랫폼이 따로 있어, 보다 많고 정확한 정보를 구할 수가 있습니다. 부동산 중개인이 열람할 수 있는 플랫폼은 'MLS(Multiple Listing Service)'로, 중개인은 이 플랫폼을 통해 주택 구매자와 판매자를 연결합니다. MLS에는 부동산 매물 목록이 올라와 있으며, 가장 빠르게 업데이트

되고 또 많은 자료가 있기 때문에 고객에 맞는 정보를 제공할 수 있습니다. 중개인이 가지고 있는 '파켓 리스팅'은 '주머니 속에 넣어두는 항목'이라는 뜻인데요. 이 항목은 일반 대중에게 광고하지 않는 독점 부동산 리스팅으로 다른 중개인과는 공유하지 않는 특성이 있습니다.

3) 오픈하우스

주말이 되면 길거리에 오픈하우스 사인을 쉽게 발견할 수 있습니다. 오픈하우스란, 판매하려고 하는 주택을 판매자의 부동산 중개인이 정해진 시간에 주로 토요일, 일요일에 판매 주택의 내부를 공개하여 잠재 구매자가 볼 수 있도록 하는 것을 말합니다. 오픈하우스는 관심 있는 구매자를 유치하고 계약을 성사시키며 피드백을 받아서 판매 주택의 문제를 부동산 중개인에게 알려주기도 합니다. 오픈하우스는 잠재적인 구매자에게 집을 보여줄 수 있는 훌륭한 방법입니다.

미국 부동산을 알아볼 수 있는 실질적인 방법에 대해 설명해 드렸습니다. 집을 알아보는 적절한 순서는 제일 먼저 웹사이트를 통해 집을 알아본 후, 현지의 신뢰할 수 있는 부동산 중개인에게 다시 한번 확인을 하는 것이 좋습니다. 인터넷으로 사진과 영상으로 집을 보는 것과 현지에 거주하는 사람의 눈으로 확인하는 것은 다를 수 있습니다. 길 하나로 학군이 달라지기도 하고 카운티가 달라지기도 합니다. 눈으로 확인할 수 없는 치안과 방법에 대한 것은 현지 중개인의 말을 통해 꼭 확인해보는 것이 중요합니다.

2단계 - 계약 단계

자, 집을 선정해 구매하기로 결정했다면 그다음으로 무엇을 해야 할까요? 바로 부동산 계약입니다. 미국 부동산을 계약할 때 어떠한 절차가 필요한지 상세히 알아보겠습니다.

1. 주택 구매 계약서 작성하기

구매할 집을 찾아 계약을 진행하기로 했다면 제일 먼저 계약서(Offer)를 작성합니다. 계약서에는 구매 금액, 계약금, 대출 금액, 에스크로 기간, 만일의 사태를 대비한 컨틴전시(contingency)의 조건 기간 등이 명시됩니다. 판매자와 구매자가 각자 다른 계약 조건을 제시할 때에는 '카운터 오퍼(Counter Offer)'를 통해 계약 조건을 조정해 서로의 의견 일치를 도출합니다. 의견이 일치되면 최종 구매 결정을 내리고 양측이 계약서에 날인하면서 구매 계약이 체결됩니다.

미국 부동산 키워드 🔍

오퍼(Offer)
구매 의사가 적힌 문서. 부동산 판매자는 여러 곳에서 받은 오퍼 중에서 가장 좋은 오퍼를 수락합니다. 협상할 여지가 있으면 판매자가 원하는 가격, 에스크로 기간, 컨틴전시 조건 등을 제시한 '카운터 오퍼(Counter Offer)'를 보내 협상을 시도합니다. 혹시라도 계약 체결이 취소될 경우를 대비해 예비 후보 구매자를 두는 '백업 오퍼(Backup Offer)'를 받아두기도 합니다.

오퍼는 미국에서 주택 구매를 할 때 매우 중요한 과정입니다. 다른 구매자도 내가 마음에 들어서 구입을 결정한 주택을 오퍼할 수 있기 때문입니다. 특히 지역의 선호도가 높거나 주택의 상태가 아주 좋은 경우에는 많은 구매자들이 서로 오퍼 경쟁을 합니다. 계약은 오직 구매자 한 사람만이 할 수 있기 때문에 구매자와 부동산 중개인은 최선을 다하여 1등을 차지해야만 합니다. 이 과정에서 중개인의 실력이 나타나기도 합니다.

2. 에스크로 오픈하기

에스크로는 부동산 판매자와 구매자 사이에 제3자가 개입해 안전 거래를 돕는 제도입니다. 미국 캘리포니아에서는 이 에스크로를 통해서 부동산 거래가 이뤄집니다. 구매자는 계약 체결이 된 후에 계약금을 에스크로 회사의 트러스트 계좌로 송금합니다. 에스크로 담당자는 구매 계약서의 내용대로 에스크로 서류(Escrow Instruction)를 작성해 판매자와 구매자, 양측 모두에게 전송합니다.

에스크로 기간은 일반적으로 30일입니다. 간혹 45일 또는 60일 이상으로 기간이 늘어나는 경우도 있습니다. 만약 현금으로 부동산을 매입하게 되면 10일에서 20일로 기간이 단축되기도 합니다.

3. 대출 신청하기

에스크로를 오픈하고 나서 바로 대출을 받기 위하여 실질적인 대출 신청을 합니다. 컨틴전시 기간 내에 대출 승인을 받아야만 하기 때문입니다. 대출신청을 하기 위해서는 최근 2년 치 세금보고서, 급여 명세서 그리고 최근 3달 치 Bank statement 다운페이먼트를 하기 위하여 충분한 돈이 예금 증명되어 있어야 합니다.

대출 과정에서 은행에 입출금 내역을 소명해야 하기 때문에 대출 전문가의 도움을 받는 것이 좋습니다. 이 과정이 주택 구매자가 가장 어려워하는 부분이기도 합니다. 부동산과 대출은 매우 밀접하게 움직입니다. 대출을 받지 못하면 주택 구매를 진행할 수가 없습니다. 돈을 빌려주는 은행에서는 믿을 만한 구매자에게 돈을 빌려주려 하기 때문입니다. 구매자분들이 대출로 투덜거릴 때 제가 꼭 한마디 합니다. "옆집 가서 1천 달러 빌리는 것은 쉬울까요?" 모기지 은행은 대출 후에 구매자가 연체 가능성이 있는지 꼼꼼하게 따져 확인합니다. 은행은 손해를 보려고 하지 않을 테니까요.

4. 집 상태 공개하기
부동산 판매자는 주택을 판매할 때 집의 상태를 구매자에게 꼭 공개해야 합니다.

> **주택 판매자가 구매자에게 의무적으로 공개할 사항들**

- 최근 3년 이내에 집에서 사망한 사람이 있는지
- 최근 5년 이내에 부동산에 하자가 발생하여 보험 청구를 한 적이 있는지

- 최근 1년 안에 새로 페인트를 칠한 적이 있는지

- 소유권 변경을 한 적이 있었는지

- 애완동물을 집 안에서 키운 적이 있었는지

- 주변에서 소란스러운 일이 발생한 적이 있는지

- 집의 구조 변경이나 확장 또는 수리 등을 한 부분이 있는지

- 공동 사용 구역이 있는지

- 물이 샌 적이 있는지

만약 위와 같은 사항이 하나라도 해당이 된다면 구매자에게 이유를 설명해야 합니다. 그밖에 판매를 위해 올려놓은 매물리스트인 MLS와 실제 등기상의 주택 크기가 달라 시비가 붙는 경우도 종종 발생합니다. 위의 사항들을 확인 후에 컨틴전시 기간 내에 구매자는 구매를 원하지 않는 경우에는 구매 취소 의사를 밝힐 수 있습니다.

5. 주택 검사하기

주택 검사를 다른 말로 '홈 인스펙션(Home Inspection)'이라고도 합니다. 주택에 대한 전수검사라고 보시면 되겠죠. 계약금을 건 구매자는 전문가를 통해 주택 검사를 진행할 권리를 갖습니다.

만약 검사를 통해 주택에 문제점이 드러날 경우, 구매자는 판매자에게 하자에 대한 수리 요청을 하게 됩니다. 또는 문제점을 해결하기 위한 비용을 판매자에게 청구할 수 있기도 합니다. 아니면 주택가격을 낮게 조정할 수도 있습니다.

만약에 판매자의 대응이 불만족스럽거나 구매 의사가 사라졌다면 구매자는 컨틴전시 기간 안에 계약금의 손해 없이 주택 구입을 취소할 수 있습니다.

예를 들어 벽면에 곰팡이가 피어있는 것을 주택 검사를 통해 발견했다면 구매자는 이를 판매자에게 수리 요청을 할 수 있습니다. 지반이 내려앉은 것을 검사를 통해 발견했다면 거주의 위험성을 이유로 컨틴전시 기간에 계약을 취소할 수도 있습니다.

6. 흰개미 검사(Termite Inspection)

흰개미는 사람에는 전혀 해를 끼치지 않습니다. 하지만 주택과 같은 건물에는 심각한 손상을 입힐 수 있기 때문에 주의해야 합니다. 단독주택에는 대부분 '흰개미(Termite)'가 존재하는 경우가 많습니다. 신축 주택에서는 흰개미가 발생하지 않지만, 일반적으로 주택 거래를 할 때 자격이 있는 흰개미 퇴치 전문 회사에서 검사를 합니다.

흰개미로 인해 주택에 어떤 손상이 생겼는지에 따라 수리를 하거나 약품 처리 또는 훈증 처리를 합니다. 안전한 주택 관리를 위해 주택 소유주들에게 10년에 한 번씩 훈증을 해서 흰개미를 박멸할 것을 권장하기도 합니다.

7. 컨틴전시 리무버 기간

쉽게 말해 구매 계약을 취소할 수 있는 기간입니다. 구매자 입장에서는 에스크로 기간 중에서 가장 중요한 부분을 차지하는 시간이기도 하죠. 이 기간에는 구매자가 위약금 없이 계약을 취소할 수 있습니다.

대출, 집 감정, 주택 검사에서 문제가 발생해도 계약을 취소할 수 있고, 타이틀 기록, HOA 비용 미지급, 저당권 등의 문제로도 계약을 취소할 수 있습니다. 중개인은 이 기간 안에 위의 사항들에서 문제가 없는지 반드시 확인해야 합니다.

8. 주택 감정하기

집을 구매할 때 모기지 은행에서 담보 가치를 확인하는 과정으로 집을 감정합니다. 집 감정가격에 따라서 융자금액에도 영향이 있습니다. 만약에 감정가격이 구매가격보다 낮게 나오게 되었다면 구매자는 다운페이먼트를 더 해야할 상황이 발생하기도 합니다. 판매자 시장에서는 특히 이런 현상이 많이 일어납니다.

주택 감정하기는 컨틴전시 조건 중 하나로 판매자의 경우 이 사항을 제외시키기를 바랍니다. 낮은 감정가격을 받아 행여나 주택 매매가 취소되지 않을까 하는 우려 때문입니다. 감정 비용은 대체로 구매자의 에스크로 비용에 포함시키지 않고 신용카드로 지불하며, 집의 가격에 따라서 차이가 있습니다.

9. 마지막으로 주택 점검하기

에스크로를 완료(클로징)하기 전, 또는 대출 서류에 사인하기 전에 집의 상태를 최종적으로 점검합니다. 집수리를 요청해 수리가 진행됐다면 제대로 수리가 돼 있는지 확인합니다. 집의 상태가 구매 계약을 할 당시와 달라진 곳이 있는지, 이후에 손상된 곳이 있는지도 상세히 살펴봅니다. 뒷마당에 쌓인 쓰레기가 없는지, 거실 천정에 있던 샹들리에가 그대로 있는지, 나무를 행여나 뽑아가지는 않았는지 모두 점검합니다.

10. 소유권 보호하는 보험 들기

소유권 보호 보험은 부동산 소유권의 결함으로 발생할 수 있는 재정적 손실로부터 대출 기관과 주택 구매자를 보호하는 손해배상보험입니다. 소유권 보험 정책은 결함이 있는 기록, 잘못된 소유권과 위조된 문서와 같은 수많은 위험으로부터 구매자를 지켜줍니다.

11. HOA 서류 확인하기

콘도, 타운하우스 또는 단독주택을 공동으로 관리하는 커뮤니티가 있는 경우에 HOA 관련 서류를 서둘러 판매자가 요청하도록 해야 합니다. HOA 서류는 대출 조건에도 영향을 미칠 수 있기 때문입니다.

12. 집 보험 및 수리 보험 가입하기

구매자는 자산과 대출 기관의 담보가치를 보호하기 위해 집에 대한 보험을 가입해야 대출을 받을 수 있습니다. 에스크로 완료가 되기 이전에 구매자는 집수리 보험을 신청해야 합니다.

13. 최종 대출 서류 사인 및 자금 이체하기

구매자에게는 가장 중요한 단계입니다. 대출 승인을 받고, 주택 담보가치에 대한 집 감정 서류가 완료되고 난 후에 구매자는 최종 대출 서류에 공증 사인을 합니다. 일반적으로 해당 에스크로 회사에서 공증 사인을 합니다. 구매자가 원거리에 거주하는 경우에는 해당 지역의 공증이 가능한 검증된 회사를 선택하기도 합니다. 그리고 에스크로 회사로부터 송금해야 할 자본금 액수를 받은 후 구매자의 거래 은행에 가서 에스크로 회사의 트러스트 계좌로 송금합니다. 여기에는 자본금인 다운페이먼트와 클로징 비용이 포함됩니다. 구매자는 이 자금을 대략 에스크로가 클로징하기 4~5일 전에 준비를 완료하는 것이 좋습니다. 만약 송금 시기가 늦어지면 에스크로 일정도 늦어지고 페널티 비용을 지불해야 할 수도 있기 때문에 미리 준비하는 것이 안전합니다.

14. 에스크로 클로징

대출 기관에서 대출이 무사히 실행되면 구매자는 다운페이먼트를 에스크로 회사의 트러스트 계좌에 이체를 합니다. 그러면 대출금과 자본금으로 판매자에게 매매 금액이 지급되고 이후 해당 카운티에서 소유권 등기까지 마치면 에스크로가 클로징되어 매매 과정이 완료됩니다. 에스크로가 완료되면 자금과 관련된 내용을 모두 정리한 클로징 명세서를 에스크로 회사가 발급합니다. 발급받은 서류는 잘 보관하도록 합니다. 에스크로 클로징 서류는 세금 보고 시 필요합니다.

3단계 - 완료 단계

드디어 계약을 마치고 미국에 부동산을 마련하는 일이 완료되었습니다. 우선 '축하드립니다'. 하지만 아직 해결해야 할 일들이 많이 남아 있습니다. 구매가 정확히 완료될 때까지 끝나도 끝난 것이 아닙니다. 완벽한 부동산 구매를 위해 잊지 않고 챙겨야 할 사항들은 무엇인지 알아보겠습니다.

1. 집 열쇠 받기

에스크로 클로징이 된 후에 부동산 중개인을 통해서 구매한 주택의 열쇠와 주차장 리모컨까지 전달 받습니다. 비어 있었던 집이라면 현관문의 열쇠는 교체하는 것이 안전을 위해서 좋습니다.

2. 집문서를 메일로 받기

구매 완료 후에는 집문서(Grant Deed)를 메일로 받습니다. 만약 메일로 받지 못하더라도 크게 걱정할 필요는 없습니다. 타이틀 보험 회사나 해당 카운티에 요청해 다시 송부받을 수 있습니다. 주택을 구매하게 되면 이후에 집으로 홍수처럼 많은 메일을 받게 됩니다. 대부분의 메일들이 '중요함'이라고 봉투에 찍혀 있습니다. 또는 '마지막 노티스'라고 찍혀 있습니다. 이런 것들은 모두 광고 메일입니다. 바로 쓰레기통에 버리시면 됩니다. 오로지 딱 하나만 챙기시면 됩니다. 카운티에서 온 메일입니다. 미연방을 나타내는 독수리 그림은 절대 아닙니다. 그건 사기성이 강한 메일이기 때문에 무시하셔도 좋습니다.

3. 첫 주택 소유자 재산세 감면 혜택(Homeowner' Exemption)

캘리포니아주 헌법은 적격 소유자가 거주하는 주택에 대해 과세 가치를 7천 달러 감면합니다. 80만 달러의 주택을 구입하였다면 7천 달러를 감면한 79만 3천 달러에 대한 재산세 과세기준이 됩니다. 주택은 유치권 날짜인 1월 1일에 소유자의 주요 거주지여야 합니다.

재산세 감면을 청구하려면 주택 소유자는 해당 부동산이 위치한 카운티 평가관에게 청구서를 1회 제출해야 합니다. 청구 양식, BOE-266, 주택 소유자 재산세 면제 청구는 카운티 평가관에게서 구할 수 있습니다. 해당 재산에 대해 처음 감면을 신청하는 사람은 재산 취득 또는 청구인 자격을 획득한 후 언제든지 신청할 수 있지만 늦어도 2월 15일까지는 신청 및 제출해야 해당 연도에 대한 전액(7천 달러)을 면제 받을 수 있습니다.

4. 우편물, 전기, 가스 등의 명의 이전하기

온라인 우체국에서 우편물이 이사하는 주소로 제대로 전달될 수 있도록 신청을 합니다. 미국에서는 중요한 것은 메일로 보냅니다. 예를 들면 집 보험, 건강보험 청구서, 집문서, 은행 명세서, 국세청 세금 요청서, 모기지 지불 내역서 등등이 있습니다.

전기, 가스, 상하수도, 인터넷 등의 유틸리티의 명의 변경을 에스크로가 클로징되기 전 2~3일 전에 완료해둡니다. 특히 전기와 가스는 차단된 뒤 새로 설치를 하게 되면 1주일 이상이 걸릴 수도 있습니다. 미리미리 신청해서 이사하는 날에 지장이 없도록 합니다.

5. 이사 준비하기

이사 날짜를 정하는 것은 구매 절차에서 컨틴전시 리무버를 하고 난 후에 하는 것이 좋습니다. 구매 계약 시에 판매자가 거주하고 있는 경우에는 일반적으로 에스크로 클로징 후에 판매자가 이사 준비 기간으로 사용할 수 있는 2~3일을 거주할 수 있는 기간으로 정합니다. 서로의 계약에 의해 구매자가 이사를 하는 날짜가 달라질 수 있습니다. 예를 들어서 판매자가 판매 후 30일의 Rent back(판매 후 임대)이 있다면 30일 후에 입주하게 될 것입니다. 미국은 인건비가 높아서 그런지 비용이 한국과 비교하면 상당히 비싼 편에 속합니다.

미국에서 이사를 하는 방법으로는 첫 번째로 유홀(U-haul)과 같은 대표적인 이삿짐 트럭 렌탈 업체에서 트럭을 빌려서 직접 이사를 하는 방법입니다. 두 번째는 이삿짐 회사를 이용하는 방법이 있습니다. 이 경우는 이삿짐만 옮겨 줍니다. 한국의 이삿짐 서비스는 다양하게 선택할 수 있는 점과 비교하면 미국의 이삿짐 서비스는 많이 다릅니다. 이삿짐 회사를 선택할 때 한인들이 운영하는 회사를 이용할 수도 있고, 미국 내의 회사를 이용할 수도 있습니다. 한인들의 경우, 언어 소통의 편리함 때문에 한인 회사를 주로 이용합니다. 하지만 실질적으로 짐을 운반하는 사람들은 대체로 남미인입니다. 세 번째로는 포장

이사를 하는 것입니다. 미국에서 포장이사를 이용할 경우에 그 비용은 상상을 초월합니다. 간단하게 예를 들면, 침실 3개 정도의 포장이사를 한다면 대략 1만 달러 이상의 비용이 들어갑니다. 한국에서는 손 없는 날을 따지지만, 미국에서는 이사하기 편리한 주말을 더 선호하는 경향이 있습니다. 이사를 할 때 특별히 주의해야 할 것은 귀중품은 꼭 본인이 잘 챙겨야 한다는 점입니다. 잘 챙긴다고 괜히 이불 속에 귀중품을 넣어두었다가 다 잊어버린 친구도 있었습니다.

6. 구입한 가구, 가전제품 배달 일정 정하기

미국 생활에서 가장 빨리 적응해야 하는 것이 '기다림'이 아닐까 합니다. 특히 속도를 중요시하는 한국인이라면 더 그렇습니다. 가구나 가전제품을 새로 구입할 예정이라면 이사하는 날에 맞춰 배달받는 날짜를 미리 조율합니다. 일반적으로 주문하고 1~2주는 빠른 편이며 4~8주까지도 걸린다는 것을 감안해야 합니다. 인테리어, 집수리, 리모델링을 하는 경우에도 미리 일정을 체크합니다.

7. 추가 재산세 납부하기

재산세의 기준은 구매가격을 기준으로 합니다. 구매자는 에스크로 클로징을 할 때 판매자의 재산세를 기준으로 계산해서 납부를 했기 때문에 판매자와 구매자의 재산세 차액이 발생하는 만큼의 추가 재산세를 해당 카운티로부터 받게 됩니다. 이 차액 납부를 위해 자금을 준비해 두는 것이 좋습니다.

서브프라임 금융위기를 통해 얻게 된 것

부자들은 과거에서 미래를 배우고 미리 대비한다고 합니다. 2008년에 발생했던 서브프라임 금융사태. 그때를 생각하면 지금도 아찔해지는데요. 우리는 서브프라임을 통해 무엇을 얻었을까요?

2000년 초, 닷컴 버블과 2001년 911테러를 겪으며 미국은 경제적 충격에 빠졌습니다. 연준은 금리를 최고 낮은 수준으로 인하해 어려움을 겪고 있는 미국 경제를 활성화시키려고 부단히 애를 썼습니다. 그 결과 다시 미국의 경제는 살아났고 주택에 대한 수요는 폭증했습니다. 그러나 그 부작용으로 서브프라임 사태가 일어나고 만 것입니다.

서브프라임이 일어날 수밖에 없었던 이유

1. 모기지 은행의 광범위한 대출 기준

소득이 없어도, 직업이 없어도 다운페이먼트가 없어도 가능한 대출 프로그램을 실행한 것이 화근이었습니다. 그저 내가 주택을 구매하겠다는 생각만 가지고 있으면 그 누구라도 주택을 구입할 수 있었으니까요.

일명 '샷건'이라는 행위도 성행했는데 개인이 동시에 주택 몇 채를 이면 계약서로 계약하는 행위였습니다. 당연히 불법이었고 사람들은 더 많은 돈을 끌어모으기 위해 대출 기관으로부터 더 많은 대출을 실행해 은행의 부실을 불러일으켰습니다.

2. 채무 불이행의 증가

많은 서브프라임 모기지론이 변동금리 대출이었습니다. 초기에는 합리적인 이자율이었지만 시간이 지나자 더 높은 이자율이 적용되기 시작했습니다. 결국 2010년 무렵 이자율은 정점을 찍었고 대출을 받은 사람들의 채무 불이행을 가속화 시켰습니다. 채무 불이행은 곧 주택의 상실을 의미합니다.

3. 월스트리트의 붕괴

주택 시장이 붕괴되고 주택 소유자이면서 차용인이 모기지론을 상환할 수 없게 되자 은행은 갑자기 대출 손실을 얻게 됩니다. 전국적으로 실업률이 치솟으면서 많은 주택 소유자들이 채무 불이행 또는 담보 대출을 중단했습니다. 모기지 은행은 주택 소유주의 집을 압류했습니다. 경기 침체로 은행은 압류된 부동산을 구매자에게 대출해 준 금액보다 낮은 가격, 즉 할인된 가격으로 매매를 할 수밖에 없었습니다. 그 결과 은행은 막대한 손실을 겪게 되었습니다. 일부 은행의 경우 손실이 너무 커서 파산을 하거나 다른 은행에서 손실을 줄이기 위해 매입했습니다. 컨트리와이드, WaMu처럼 큰 은행이 모두 사라졌습니다. 몇몇 대형 기관은 TARP(Troubled Asset Relief Program)라고 불리는 연방정부의 구제금융을 받아야 했습니다. 그러나 150년 역사를 자랑하던 월스트리트 투자은행 리먼 브라더스는 파산을 하게 됩니다. 2008년 여름이 되자 대학살은 금융 부문 전반에 퍼졌습니다. 인디멕(IndyMac Bank)은 미국에서 파산한 은행 중의 하나가 되었으며, 현금 인출 사태가 발생하였습니다.

더 많은 투자자들이 은행과 투자 회사에서 돈을 빼내려고 함에 따라 이들 기관도 어려움을 겪기 시작했습니다. 서브프라임 붕괴는 주택 시장과 함께 시작되었지만 충격파는 금융 위기, 대공황 및 시장의 대규모 매도를 초래했습니다. 많은 일반 사람들이 직업, 저축, 집 또는 이 세 가지 모두를 앗아간 장대한 재정적, 경제적 붕괴였습니다. 이 사태로 우리는 깨달음 하나를 얻게 됩니다. 지나침은 결국 패망한다는 사실을 말이죠.

2008년 금융 위기 이후 대출 기관은 대출 자격을 엄격하게 규정하게 되었습니다. 모기지 은행들은 서로의 정보를 공유하는 네트워크를 만들었고 신용점수, 소득, 다운페인먼트의 자격 확인을 철저히 하게 됐습니다. 음지가 있다면 양지도 있겠죠? 반대급부로 주택 세일과 함께 매물이 늘어나면서 투자자가 증가하기도 했습니다. 이때 부동산 투자로 부자 되신 분들, 많으신 걸로 압니다. 서브프라임 사태로 포클로저와 숏세일을 하는 주택이 급증함에 따라 주택가격은 30~40% 정도 폭락 현상이 일어나면서 투자자들에게는 신이 내린 투자의 기회가 될 수밖에 없었습니다. 2012년 하반기부터 주택가격이 상승세로 돌아서면서 특히 Flip(되팔기)으로 새로운 부동산 부자가 탄생하기도 했습니다.

다시 이런 기회가 올 것입니다. 절호의 기회를 놓치지 않기 위해서는 잘 준비해야 할 것입니다.

3장

미국 부동산 구매 시
필요한 돈은
얼마일까?

01
투자금
(다운페이먼트)

주택 구매를 하려면 종잣돈이 필요합니다. 이를 미국에서는 다운페이먼트라고 합니다. 구매하려는 주택의 유형과 여건이 다 다르기 때문에 개인마다 상황에 맞게 투자금을 정하게 됩니다. 다운페이먼트는 은행을 통해서 입금되는 돈이므로 '자금 출처'가 인정되었다고 봅니다. 다음은 다운페이먼트가 적용되는 비율인데 각각의 상황에 따라 다르게 적용되는 것을 확인할 수 있습니다.

0% : 미군 재향군인 또는 농민의 경우, 주택 구매를 하기 위해서 VA 대출, USDA 대출 제도를 활용하여 돈 한 푼 없이도 주택을 구매할 수 있습니다.

3.5% : 미국 시민권 또는 영주권자의 첫 구매인 경우, 정부의 보증을 통하여 FHA 대출을 받을 수 있습니다. 이때 시민권 또는 영주권자로 충분한 소득 증명이 되어야만 하며, 모기지 보험을 부담해야 합니다.

5% 또는 10% : 일반 대출로 가능하며, 신용점수가 일정 이상이 되어야 하며 매월 모기지 보험을 부담해야 합니다.

20% : 단독주택의 경우, 모기지 보험 없이 대출을 할 수 있습니다.

25% : 타운하우스 또는 콘도의 경우, 모기지 보험 없이 대출을 할 수 있습니다.

30% : 세금 보고 없이 직장 증명으로도 대출을 받을 수가 있습니다.

40% : 비거주자, 외국인도 대출을 받을 수가 있습니다.

02

에스크로 비용에는
어떤 것이 있을까?

재산세와 모기지

흔히 한국 부동산은 취득세, 양도세가 높고, 미국 부동산은 재산세(보유세)가 높다고 합니다. 왜 이런 말이 나왔을까요? 미국의 부동산 재산세(Property Tax)는 일단 주마다 다르게 적용됩니다. 가장 낮은 곳은 하와이로 0.28%의 재산세를 내고, 가장 높은 곳은 뉴저지로 2.49%를 냅니다(2021년 기준).

한국인 투자자들이 가장 많이 몰리는 캘리포니아주는 어떨까요? 캘리포니아주는 미국에서 16번째로 재산세가 싼 곳입니다. 재산세율은 1.2% 정도입니다. 한국의 재산세율 0.1~0.4%에 비하면 높은 수치이긴 합니다. 그렇다면 미국은 정말 재산세가 높기만 한 나라일까요?

미국의 재산세가 한국의 재산세율보다 높은 것은 사실이지만 주택 담보 대출을 받을 때 모기지 금액에서 최대 75만 달러에 대한 모기지 대출이자를 개인 소득세금보고 시에 공제할 수 있습니다.

주택을 구매할 때 들어가는 에스크로 비용에는 재산세와 첫 번째 달의 모기지 할부금도 포함이 됩니다. 에스크로를 완료하는 날짜를 기준으로 판매자와 구매자가 납부해야 할 재산세를 배분하고 매월 납부해야 하는 모기지 금액 중 첫 번째 달 모기지 지불액을 에스크로 완료일 기준으로 미리 지불합니다.

예를 들어 에스크로 완료일이 4월 15일이라면, 4월 15일부터 4월 30일까지의 모기지 지불액을 에스크로 완료 시에 미리 지불을 합니다. 대신, 그다음 달인 5월에는 모기지를 납부하지 않고 6월 1일부터 납부합니다.

따라서 에스크로가 완료하는 날짜가 월초로 정해졌다면, 클로징 비용이 좀 더 많아질 것이고, 완료일이 월말에 가깝다면 클로징 비용이 조금 더 낮아집니다. 자본금이 충분하지 않을 때는 이렇게 에스크로 완료일을 월말로 조정해 보는 것도 고려해 볼 수 있습니다.

소유권 보험

소유권 보험은 구매한 부동산의 과거 흔적에 대해 가입하는 보험이라고 할 수 있습니다. 판매자가 소유권 보험을 구입하여 과거에 대한 책임을 면제받는 것입니다. 구매한 사람은 대출 기관의 요청으로 대출 금액만큼에 해당하는 소유권 보험료를 지불해야 합니다. 현금으로 부동산을 구입했다면 대출 기관이 따로 요구하지 않기 때문에 소유권 보험을 들지 않습니다. 따라서 소유권 보험료를 따로 지불하지 않아도 되는 현금 구매자는 소유권 보험 비용이 없습니다.

에스크로 서비스

부동산 매매 금액을 기준으로 서비스 비용을 산출합니다. 부동산 판매자, 구매자 각각 그들의 비용을 지불합니다.

대출 비용

부동산을 구매하기 위해 실행한 대출 비용입니다. 신용조회 비용, 대출 과정에 필요한 비용, 서류심사 비용, 집 감정 비용도 여기에 모두 포함됩니다.

HOA 비용

HOA가 있는 부동산을 구매하면 이 비용을 에스크로가 완료되는 날짜를 기준으로 계산해 판매자와 구매자의 비용을 산출합니다. 보통은 에스크로 완료하는 다음 달의 HOA 비용도 미리 납부합니다. 미리 비용을 납부해 놓으면 이사하는 분주함 속에서 납부일을 놓치는 것을 사전에 방지할 수 있습니다.

집 보험료

보험은 아직 발생하지 않은 미래의 손해를 대비해 가입하는 것으로, 집 보험도 미래에 혹시 발생할지 모를 집의 손해를 대비해 가입을 해놓습니다. 주택 구입 시 대출을 이용한 경우에는 대출 기관에서 필수적으로 집 보험 가입을 요구합니다. 돈을 빌려주는 은행은 손해 보는 장사를 절대로 하지 않으려 할 테니까요.

그런데 현금으로 집을 구입할 때도 (필수 사항은 아니지만) 가능하면 집 보험은 들어두는 게 좋습니다. 집에 누수가 생겨 큰 비용을 치를 수도 있고, 자연재해로 집이 망가지는 일이 생길 수도 있죠. 만약을 대비해 장치 하나쯤은 안전하게 마련해 두는 게 좋습니다. 지역에 따라 또는 집의 가격, 크기에 따라 보험 비용은 다르게 책정될 수 있습니다. 미국의 어느 지역에서는 산불, 홍수와 같은 특별보험을 필요로 하는 경우도 있으니 참고하세요.

공증비, 등록비, 메신저 비용

그 외 기타 비용으로 공증 비용, 등록비, 메신저 비용 등이 있습니다. 집을 구매할 때 들어가는 클로징 비용 중에는 집 감정 비용과 주택검사인 홈 인스펙션 비용은 에스크로 비용에 포함되지 않기 때문에 이 비용은 별로도 개인의 크레딧 카드로 지불합니다.

03

주택 소유주가 내는
비용은?

구매 후 일시적인 비용

1. 가구, 가전제품 교체 비용

주택을 구입하게 되면 사람들은 새로운 주택에 맞는 가구를 구입하려 합니다. "이번에 이사를 했으니 가구도 새로 싸악 바꿔야지!", "꿈에 그리던 집을 샀는데 이제는 내 맘대로 꾸미고 싶어!" 이런 욕구가 강해지는 거죠.

집을 구매하는 비용도 만만치 않지만, 집안을 채우는 새로운 가구를 들일 때의 비용도 꽤 많이 나갑니다. 예산을 넉넉히 잡았다면 원하는 가구와 가전제품을 새로 구입하며 집 안을 맘껏 새로 단장할 수 있습니다. 한번 구매한 가구나 가전제품은 한동안 몇 년을 사용할 것이기 때문에 신중한 선택과 지출이 필요합니다.

2. 리모델링 비용

주택을 구매하고 나면 기존의 구조를 바꾸기 위한 리모델링 비용이 지출될 수 있습니다. 기존 구조 그대로 사용하는 사람도 있겠지만 내 맘대로, 내 스타일 대로 새롭게 내부구조를 바꿀 수도 있습니다. 리모델링은 방의 구조, 테라스의 확장, 벽난로의 설치 등 다양하게 적용됩니다. 주방을 리모델링한다면 싱크대의 위치를 전면적으로 바꿀 수도 있습니다. 화장실도 기존의 변기나 세면대를 사용하지 않고 새로운 모델로 교체를 할 수도 있습니다. 리모델링은 주택의 내부 뿐만 아니라 외부에도 적용될 수 있습니다. 천막의 설치, 창고의 개조 등 원하는 부분에서 개조할 수 있기 때문에 너무 과한 지출이 발생하지 않도록 예산 절충이 꼭 필요합니다.

3. 이사 비용

주택을 구매하고 나면 기존에 살던 주택에서 새로운 주택으로의 이사를 위해 예산을 짜야 합니다. 앞서 설명해 드렸지만 미국에서 이사를 할 때 내는 비용은 한국의 이사 비용보다 제법 비쌉니다. 가급적 여러 이사 업체를 알아보고 가격 비교를 한 다음, 자신의 예산에 맞는 업체를 골라 이사를 하도록 합니다.

구매 후 정기적인 비용

1. 대출 상환금

미국의 주택을 대출 받아 구매를 했다면 매달 납부해야 하는 대출 상환금이 발생합니다. 예를 들자면, 100만 달러 주택을 30% 다운페이먼트를 하고 70%의 대출을 6%의 이자율을 적용받아서 주택을 구매하였다면, 원금과 이자로 매월 4,196.85달러를 납부해야 합니다.

2. 재산세

미국의 재산세는 제법 높은 것으로 알려져 있습니다. 재산세는 거주지에 따라서 세율이 다릅니다. 예를 들어 보겠습니다. 로스앤젤레스 카운티 베벌리 힐스의 주택을 200만 달러에 구입하였고, 1.25% 요율이라면 부동산 보유세로 연 2만 5천 달러를 납부하게 될 것입니다. 오렌지 카운티 플러턴의 주택을 같은 가격인 200만 달러에 구입하였고, 1.10%의 요율이라면 보유세로 연 2만 2천 달러를 납부하게 됩니다. 오렌지 카운티 얼바인의 경우에는 멜루즈 텍스를 내야 하는 주택이라면 요율이 1.5%, 연 3만 달러의 재산세를 납부해야 합니다. 이렇게 도시마다 카운티마다의 재산세 요율의 차이가 있습니다.

3. 집 보험

집을 안전하게 지키려면 보험을 들어두는 것은 필수입니다. 미국은 자연재해가 제법 발생하는 나라입니다. 홈오너의 보험료는 주택의 위치, 건물 구조, 경보시스템과 예방 조치 및 주택 보호 조치 유무에 따라서 요율이 달라지며, 자동차 보험 또는 생명 보험 등을 통합하게 되면 보험료를 할인 적용 됩니다. 일반적으로 주택 구입가격이 100만 달러 일 때 연 보험료 1천 5백 ~ 2천 달러 정도 되는 듯합니다. 보험 커버리지에 따라서 천차만별이므로 특별한 도움이 필요하시다면, 보험전문가와 상담을 하시는 것이 좋습니다.

4. HOA 비용

HOA가 있는 주택은 관리비의 개념으로 HOA 비용을 내야 합니다. 주택 소유자 협회(HOA)가 부동산 소유자로부터 매월 비용을 징수합니다. 대부분의 콘도, 타운 하우스 및 커뮤니티로 개발된 주택단지에서 HOA 수수료를 내게 됩니다. 단독주택의 경우에는 일부 동네에 HOA가 형성되어 있습니다. HOA 수수료는 편의 시설, 건물 유지 보수 및 수리 비용을 지불하는데 사용됩니다. 월 HOA 비용은 커뮤니티마다 다르며 적게는 50달러부터 많게는 4천 달러까지도 있으며 일반적으로는 3백 ~ 5백 달러 사이가 가장 많습니다.

5. 전기, 가스 요금

사람이 사는 데 전기와 가스는 필수입니다. 전기, 가스, 물 등을 일상적으로 유틸리티 비용이라고 합니다. 공동 주택의 경우에는 가스 대신에 안전한 전기만 사용할 수 있습니다. 주택을 렌트하거나 구입할 경우에 꼭 확인하셔야 하는 부분이기도 합니다. 오븐과 건조기는 전기용과 가스용이 따로 있기 때문입니다. 상하수도와 쓰레기 관리는 대부분 해당 시에서 관할합니다. 본인이 직접 방문 또는 전화로 새로 신청하거나 이름 변경을 신청해야 합니다. 주민등록제도가 없는 미국에서는 유틸리티 증명서는 거주지 증명서로 사용합니다. 은행 계좌를 개설하거나 자녀 학교 등록을 할 때도 필요한 문서가 됩니다.

6. 건물의 유지 보수 비용

건물을 유지 보수하려면 생각보다 많은 부분에 신경을 써야 합니다. 화재경보기, 일산화탄소 경보기, 보안 시스템 등을 자주 확인하고, 마당이 있는 경우에는 정원사를 고용하여 잔디, 잡초 관리를 하며 해충 관리도 필요합니다. 배관의 막힘이나 누수를 방지하기 위해서는 평소에 관리를 잘 해야 하며, 습기로 인하여 곰팡이나 부식, 변색이 될 수 있으므로 환기, 청소 그리고 필요에 따라 실리콘 코킹을 합니다. 냉난방 시스템의 유지 관리는 꼭 해야 하며, 수영장이 있는 주택은 수영장 히터작동을 확인하고 관리는 전문가의 도움을 받습니다.

외국인 송금의 모든 것!

미국 부동산 취득 시에 외국환은행(국민은행, 우리은행, 하나은행 등)을 통해 사전 신고를 하고 송금을 합니다. 한국의 시스템에 의하면 해외 취득 부동산 매매 계약이 확정되기 이전에 청약금 또는 계약금으로 10% 이내의 자금을 예비 신고 수리 후에 송금을 할 수 있습니다. 단 3개월 이내에 정식으로 수리 신고를 해야 합니다. 부동산을 취득한 후 부동산 취득 신고를 한국에 해야 합니다. 그리고 매년마다 자산 보유에 대한 신고 의무가 있습니다. 구매 이전에 한국 내의 세무 절차를 꼭 확인하시기를 추천합니다.

미국 부동산 취득은 주거목적의 부동산 구매와 주거목적이 아닌 임대부동산으로 분류합니다. 주거목적 부동산을 구매한다면 부동산 매매계약서, 판매인의 실체 확인 서류가 필요합니다. 이는 계약서에 있는 판매인 소유라는 것을 확인하는 것으로 서류를 준비하는 게 어렵다면 부동산 중개인의 도움을 받으면 됩니다.

부동산의 현재 가치를 증명하고 싶다면 다음의 서류를 준비해야 합니다. 부동산 매매계약서, 부동산 감정평가서, 그리고 부동산 담보대출 관련 서류입니다.

    미국에서 체제 목적을 확인할 수 있는 서류는 다음과 같습니다. 먼저 부동산취득보고서인데 이는 해외부동산을 취득하고 대금을 송금한 후, 3개월 이내에 요청할 수 있습니다. 현지의 부동산등기부등본 또는 소유권 등기내역 확인 서류로 입증이 가능합니다.

    다음으로 계속 보유입증보고서가 있는데, 이는 신고수리일 기준으로 2년마다 확인합니다. 이때 임차인 경우는 제외됩니다. 해당연도의 부동산등기부등본 또는 재산세 납부영수증으로 제출합니다.

    마지막으로 부동산처분(변경)보고서가 있습니다. 이는 해외부동산 처분 또는 변경 후, 3개월 이내에 처분대금을 수령한 이후 즉시 제출합니다. 부동산매매계약서와 같은 매각대금을 확인할 수 있는 서류로 제출합니다.

    필요한 서류와 절차는 한국의 상황이나 개개인의 상황에 따라서 차이가 있을 수 있으므로 본인이 거래를 하고 있는 주거래 은행 또는 은행의 외환 담당자와 상담을 받으시기를 추천해 드립니다.

04
미국의 주택 담보 대출은
어떻게 받을까?

단계별 주택 구매 대출 과정

부동산 투자의 매력은 뭐니 뭐니 해도 대출을 끼고 부동산을 구매해 시세 차익이나 임대 수익을 얻을 수 있다는 데 있습니다. 지금 당장 주택 구매 비용이 완전하게 내 손 안에 없더라도 은행과 같은 대출 기관을 통해 모자란 돈을 보충해 구매할 수 있다는 것이죠. 그렇다고 아무나 쉽게 대출을 받을 수 있는 것은 아닙니다. 대출 기관에서 요구하는 일정 요건이 갖춰져야만 대출이 실행되고 주택을 구매할 수가 있죠.

대출의 과정은 다음과 같은 순서로 진행됩니다.

대출 사전 승인 → 대출 신청서 제출 → 대출 승인 → 집 감정 → 대출 서류 사인 → 대출금 지급

각 단계별로 어떻게 대출 과정이 진행되는지를 자세하게 알아보겠습니다.

1. 대출 사전 승인

주택 구매자의 소득이 어느 정도인지 파악해 대출금을 얼마까지 받을 수 있는지 사전에 알아보는 과정입니다. 대출 사전 승인을 받으려면 다음과 같은 서류가 미리 준비되어 있어야 합니다.

▶ **대출 사전 승인에 필요한 서류**

① 개인의 소득 증명 서류

- 최근 2년치의 세금보고서 또는 직장 재직 증명서, 최근 3개월 급여 명세서

② 은행 잔고 증명서

- 주택 구매 시에 필요한 자본금인 다운페이먼트와 에스크로 비용 증명

- 최근 3개월간의 은행 거래 명세서

③ 신용 평가 보고서

- 신용 조회를 통해 신용 평가 후 구매자의 재정 상태, 신용 점수,

부채 비율 등을 확인

2. 대출 신청서 제출

구매자는 대출 신청서를 작성해 사전 승인할 때 준비한 최근 2년치의 세금보고서, 최근 3개월간의 은행 거래 명세서, 최근 3개월의 급여 명세서, 신용 보고서를 패키지로 묶어서 대출 기관에 제출합니다.

3. 대출 승인

구매자의 개인 신용과 소득을 토대로 모기지 은행에서는 구매자의 대출 상환능력을 심사합니다. 상환능력이 충분한 것으로 검증이 되면 대출을 승인합니다.

4. 집 감정

대출을 실행하는 모기지 은행은 부동산을 담보로 돈을 빌려주는 것이기 때문에 해당 주택의 담보 가치가 어느 정도 되는지 확인합니다. 주택 감정을 실행하기 위해 은행은 주택감정사를 고용해 현장 확인을 실행합니다. 현장을 확인한 주택감정사는 주택 감정 보고서를 작성해 은행에 제출합니다.

만약 주택 감정 가격이 주택 구매 가격보다 낮을 경우에는 구매자가 계약을 취소할 수 있습니다. 감정 가격보다 더 높은 가격으로 구매하게 되는 것을 좋아할 구매자는 없으니까요. 이렇게 계약을 취소할 수 있는 기간은 컨틴전시 기간 안에만 가능합니다. 그럼에도 구매를 하고자 한다면 감정가격과의 차액만큼 추가로 다운페이먼트를 하고 대출 과정을 계속 진행하여 구매에 이르게 됩니다.

5. 최종 대출 서류 사인

구매자의 모든 대출 조건이 충족됐다는 것을 확인하면 대출 기관인 모기지 은행에서는 최종 대출 서류를 작성합니다. 이를 '론닥(Loan Document)'이라고 합니다. 구매자는 론닥에 공증 사인을 합니다. 이때, 필수적으로 확인해야 할 것이 있는데 다음과 같습니다.

> **▷ 론닥 사인할 때 확인해야 할 사항**

① 차용증서
  - 차용증서에는 대출금액, 이자율, 상환조건 등이 명시돼 있다. 하나도 빠짐없이 세세하게 체크한다.
② 담보문서
  - 담보문서에는 'Power of Sale' 조항이 있다. 여기에는 계약 불이행 시 은행이 차압할 수 있는 권리가 적혀 있기 때문에 자세히 살펴야 한다.
③ 권리 포기각서
  - 기혼자가 배우자 중 한 사람의 명의로 주택을 구매하는 경우, 다른 배우자가 소유권을 포기한다는 각서이다.

6. 대출금 지급

주택 구매자가 론닥에 공증 서명하고 모기지 은행에서 최종 심사까지 완료되면 자금 조달, 즉 펀딩을 진행합니다. 주택 구매자는 자본금인 다운페이먼트와 클로징 비용을 에스크로 회사의 계좌로 펀딩되기 전에 송금합니다. 펀딩된 대출금과 송금한 자본금을 합쳐서 판매자에게 판매 금액을 지불하고 해당 카운티에 등기를 합니다. LA 카운티의 경우, 펀딩된 다음날에 등기가 되고, 오렌지 카운티는 펀딩된 당일에 등기가 완료됩니다. 등기까지 깔끔하게 완료돼야 소유권이 판매자에게서 구매자에게로 완전하게 이전된 것이라 할 수 있습니다.

주택 구매 대출의 종류

미국의 대출은 어떤 형태가 있을까요? '일반 대출'과 '정부 보증 대출'로 크게 나누어 볼 수 있습니다. 이는 한국의 대출 형태와 흡사한데 세부적으로는 어떻게 다른지 살펴보겠습니다.

1. 일반 대출

가장 일반적인 모기지 유형으로, 주택 모기지 대출의 70% 이상을 차지하는 대출입니다. 정부 후원 기업인 '패니메이(Fannie Mae)'와 '프레디맥(Freddie Mac)'이 정한 심사 규정에 따라 대출기관(모기지 은행)은 구매자에게 대출을 실행합니다.

패니메이(Fannie Mae Company)

모기지 대출을 주력으로 하는 미국의 금융회사. 1938년 미국 정부의 지원을 받아 설립됐습니다. 줄여서 '패니매', 혹은 '연방주택저당공사'라고 불리기도 합니다.

프레디맥(Freddie Mac Company)

모기지 대출을 주력으로 하는 미국의 금융회사. 프레디맥의 전신은 1970년 세워진 '연방주택담보대출공사(Federal Home Loan Mortgage Corporation)'다. 패니메이와 더불어 미국 주택담보대출 분야의 양대 산맥으로 불립니다.

2. 정부 보증 대출

정부가 보증하는 대출 형태는 FHA 대출, VA 대출, USDA 대출이 있습니다. FHA 대출은 '연방 주택청(Federal Housing Administration)'에서 첫 구매자에게 3.5%의 자본금으로도 주택 구매를 할 수 있도록 지원합니다. 즉, 많은 자본금이 없이도 내 집 마련이 가능하다는 장점이 있습니다. 반면에 주택 모기지 보험을 계속 지불해야 한다는 단점도 있습니다.

VA 대출(Veterans Affairs Loan)은 미국 재향 군인에게 특별하게 혜택을 부여하는 대출 프로그램으로 다운페이먼트 없이 즉 한 푼도 없이 주택을 구입 할 수 있습니다. 주택 모기지 보험료가 없다는 것이 장점입니다. 자본금 없이 주택을 구입하는 만큼 매달 납부해야 하는 모기지 지불액은 높아지게 됩니다.

USDA/RHS 대출은 미국 농무부(USDA)에서 농촌 지역에 거주하는데 소득이 적거나 재정적 지원이 필요한 사람들에게 제공하는 대출입니다. 또 농촌 주택 서비스(RHS)에서도 농촌 지역에 적합한 대출 프로그램을 제공합니다.

이자율의 차이가 나는 이유는?

대출을 받는 사람의 최대 관심사는 대출이 실행되느냐, 실패하느냐입니다. 그런데 대출이 실행된다고 해도 이자율이 너무 높으면 고민에 빠질 수 있겠죠. 이자율은 그만큼 주택 구매자 입장에서 크게 고려해야 할 사항입니다. 미국에서 대출을 받을 때는 어떻게 이자율이 적용되는지 알아보겠습니다.

1. 모기지 대출 기간에 따라 이자율이 달라진다!

대출 기간은 이자율에 많은 영향을 끼칩니다. 기간이 짧을수록 이자율은 낮아지고 기간이 길어질수록 이자율은 올라가게 됩니다. 일반적으로 가장 많은 구매자들이 선택하는 15년과 30년 고정금리를 예를 들어 보겠습니다. 구매가격 100만 달러의 주택을 30%를 다운페이(30만달러)를 하고 이자율 6%로 30년 모기지 대출을 받게 되면, 원금과 이자로 매월 4천 2백 달러 정도 상환금을 지불하게 되며 30년 만

기시에 이자로 지불한 금액은 81만 달러 정도가 됩니다. 15년 고정 금리로 모기지 대출을 하게 되면, 0.75% 정도 낮은 이자율을 받을 수 있으므로 원금과 이자로 매월 5,627달러를 상환하게 되며 15년 만기시에 이자로 지불한 금액은 31만 달러 정도가 됩니다. 모기지 상환 완료 시와 비교 해보면, 이자 지급액이 무려 50만 달러의 차이가 발생합니다. 이와 같이 대출 기간에 따라 이자 지불액의 차이가 엄청나게 크게 발생할 수 있음을 참고하시기 바랍니다.

2. 주택의 형태에 따라 이자율이 달라진다!

단독주택, 타운하우스, 콘도 등 주택의 형태에 따라서도 이자율이 달라집니다. 단독주택을 구매할 때 자본금이 20%인 경우, 대출 기관에서 좋은 이자율을 받을 수 있는 조건이 됩니다. 또한 모든 단독주택은 FHA 대출을 받을 수가 있죠. 단 구매자가 부동산을 처음 구매하는 첫 구매자일 경우에 한해서입니다. 첫 구매자란, 최근 3년 안에 부동산을 소유하지 않은 사람입니다. 만약 10년 전에는 주택을 소유하고 있었지만 4년 전에 매매를 하고 현재 소유하고 있지 않다면 첫 구매자에 해당됩니다.

타운하우스와 콘도는 자본금 25%를 기준으로 하여 기본 이율을 적용받게 됩니다. FHA 대출을 받기 위해서는 FHA 승인을 받은 타운하우스 또는 콘도여야만 가능합니다.

3. 모기지 금액에 따라서 이자율이 달라 집니다.

1) 적격대출(Conforming Loan)

미 연방 주택금융청(FHFA), 프레디맥(Freddie Mac Company)과 패니메이 (Fannie Mae Company)가 규정하는 펀딩 기준 금액에 따라 대출을 합니다. 매년 기준액은 상향 조정 되고 있습니다. 2023년 적격대출(Conforming Loan)의 LA 카운티, 오렌지 카운티 기준으로 $1,089,300입니다. 이 적격대출(Conforming Loan)의 기준금액은 지역에 따라 다릅니다.

2) 점보론(Jumbo Loan)

적격대출(Conforming Loan)의 기준금액($1,089,300)을 초과하는 대출을 점보론(Jumbo Loan)이라고 합니다. 고급 주택들을 대상으로 하는 주택 담보 대출로 적격대출 보다 이자율이 높았으나 최근에는 더 낮은 이 자율을 제공하는 모기지 은행도 있습니다. 다만 대출 조건은 매우 까 다롭습니다.

외국인도 대출을 받아서 미국 부동산 구입이 가능할까?

대출 기관에서 외국인으로 간주 하는 기준은 Social Security Number(사회보장번호 : 한국의 주민등록번호) 의 유무나 크레딧 정보의 유무 입니다. 각 기관의 기준은 차이가 있습니다.

영주권자(Green Card)이지만 미국 내에서 크레딧 정보가 없거나 개인

소득 증명(미국 세금 보고 기록)이 되지 않는다면 외국인 대출이 어렵고, 내국인을 위한 대출을 받기도 어렵습니다. 반면에 영주권자로 한국에서도 미국에서도 세금 보고를 하고 크레딧 관리를 잘하였다면 내국인의 대출 조건으로 주택 구매를 할 수 있습니다

외국인이 미국 주택을 구입하는 것은 미국인과 크게 다른 것은 없습니다. 현금으로 구입하는 경우에는 거의 동일하다고 할 수 있습니다.

미국 현지의 부동산을 구매할 때 외국인은 어떻게 대출을 받을 수 있을까요? 외국인 대출 프로그램에서는 적어도 30~40%의 자본금을 필요로 합니다. 미국인이 약 20% 정도의 자본금을 필요로 하는 것에 비해 조금 높은 비율이죠. 또 추가로 대출기관에서는 1년 동안의 모기지 상환금과 재산세에 해당하는 금액(월 모기지가 4,000달러의 경우 48,000달러 + 재산세 15,000달러 = 63,000달러)만큼을 본인의 은행에 예치할 것을 요구합니다. 즉 다운페이먼트 이외에 여분의 자금을 더 준비해야 한다는 뜻입니다.

그런데 그 전에 미리 준비해둬야 할 것이 있습니다. 바로 미국 은행에 계좌를 개설해두는 것입니다. 모든 대출 거래는 미국 은행을 통해서 해야 하기 때문이죠. 또한 모기지 상환을 할 수 있다는 소득 증명을 해야 합니다. 이는 미국인도 마찬가지입니다. 외국인이라고 다를 것이 없겠죠? 한국의 거주자라면 한국의 소득을 증명하면 됩니다.

외국인이 대출을 실행할 경우 미국인들의 대출에 비해 이자율이 다소 높으며 30년 고정 이자가 아닌 5년 고정 이자로 대출을 하는 은행이 대다수입니다. 만약 미국 이주 계획이 있다면 이주 후에 세금 보고

를 하고 2년 정도 신용관리를 잘하면 이후 재대출을 실행해 이자율을 더 낮게 조정할 수도 있겠죠.

그런데 최근 미국의 은행에서 계좌를 개설하는 것이 조금 까다로워졌습니다. 웰스파고 은행의 예를 들자면, 기존에는 신분증, 신용카드로 계좌 개설이 가능했던 것이 요즘은 유틸리티(전기, 가스, 물) 영수증까지 요구하고 있습니다. 개설할 은행에서 어떤 항목들을 요구하고 있는지 꼼꼼하게 살펴보시길 바랍니다.

외국인이 계좌를 개설할 수 있는 은행으로는 체이스 은행(Chase Bank), 웰스파고 은행(Wells Fargo Bank), 뱅크오브아메리카(Bank of America) 등과 같은 내셔널 은행과 뱅크오브호프(Bank of Hope), 한미은행 등의 한인계 은행이 있습니다. 여기는 예금 업무와 주택담보 대출, 비즈니스 대출, 상업용 부동산 대출 업무 등을 합니다.

미국 생활에서 정말 필요한 것이 신용 만들기입니다. 신용 만들기의 첫 번째 단계는 신용 카드를 만드는 것 입니다. 1년 정도 은행에 맡겨 놓아도 괜찮은 정도의 금액을 은행에 맡겨 놓고 그 금액 한도 내에서 카드를 발급받아서 사용하는 것입니다.

예) 뱅크오브아메리카(Bank of America) 계좌 오픈을 위한 조건

https://www.bankofamerica.com

구비서류

계좌를 개설하려면 미국에 거주해야 하며 해외 주소와 미국 주소를 모두 제공해야 합니다.

- 집 또는 영주권 주소 : 여기에는 건물 이름 또는 번호와 거리 이름, 도시 또는 마을, 주 또는 도, 국가가 포함되어야 합니다.
- 미국 실제 주소 : 다음 문서 중 하나만 필요합니다.
  - 사진이 있는 정부 발급 신분증
  - 주소와 사진이 포함된 직장 ID
  - 이름과 주소가 포함된 현재 공과금 청구서
  - 기타(임대차계약서 등)

2가지 형태의 신분증이 필요합니다.

- 기본 신분증 : 다음 문서 중 하나만 필요합니다.
  - 여권 비자 유무와 관계없이 외국 여권(사진 포함)
  - 미국 비이민 비자 및 국경 통과 카드-DSP-150(사진 포함)
  - 멕시코, 과테말라, 도미니카 공화국, 콜롬비아 영사 신분증(사진 포함)
  - 캐나다 시민권 증명서(사진 포함)
- 보조 신분증 : 다음 문서 중 하나만 필요합니다.
  - 사진이 있는 외국 운전면허증 또는 미국 운전면허증

- 미국에서 발행한 고용/업무 ID 카드 또는 배지
- Visa® 또는 Mastercard® 로고가 있는 직불카드 또는 주요 신용카드
- 미 국무부 외교관 ID

그렇다면 한인들은 어떤 은행을 주로 이용할까요? 미국의 대형은행에는 한인들도 많이 근무하고 있기 때문에 영어로 불편함을 겪을 일은 별로 없습니다. 미주 한인이 운영하는 은행으로 뱅크오브호프, 오픈뱅크, CBB은행, 퍼시픽 은행 등이 있습니다.

한편, 미국에도 한국의 은행이 있습니다. 신한은행, 우리은행 등이 있는데 한국의 계좌와 연동이 되지는 않는다고 합니다. 이들 은행은 한국의 현지 법인들이 많이 이용하는 은행입니다. 여기서도 주택 대출 업무를 하기는 하지만, 전문 모기지 대출기관이라고 하기는 어렵습니다.

또 모기지 전문 은행이 있습니다. 일반적으로 주택 구매를 할 때 일반 시중은행에서도 대출을 하지만, 모기지 대출업무만 하는 모기지 은행에서 대출을 하는 경우가 더 많습니다. 주택 담보 대출은 페니메이 또는 프레디맥의 대출 가이드라인을 적용하여 대출 업무를 하는 경우가 있고, 포트 폴리오 대출 프로그램으로 대출을 하는 경우도 있습니다.

그렇다면 모기지 대출의 상환은 어떻게 할까요? 주택담보대출은 상환기간은 대다수가 15년 또는 30년입니다. 한국과 다른 것은 모기지 이자율입니다. 오늘 내가 주택을 구매하면서 모기지 금리를 4%를

받았다면 30년 동안 원금과 모기지 이자율을 4%로 똑같은 지불액을 상환합니다. 만약에 5년 후에 모기지 이자율이 내려가서 3%가 된다면, 재융자를 받을 수 있습니다. 그러면 4%의 이자를 3%의 이자율로 변경하게 되며 월 모기지 지불 금액을 낮추게 되어 절약 효과가 있습니다. 저 또한 고객분들이 낮은 이자율로 재융자를 받도록 도와드리고 있습니다.

외국인 주택 담보 대출의 경우에는 상환기간이 5년입니다. 그런데 미국에 거주하며 정기적인 개인 소득이 생기고 그 기간에 신용점수를 만들면 내국인처럼 재융자를 받을 수도 있습니다. 만약 현금으로 구매한 경우라면 추후에 주택 재융자나 홈에퀴티를 받아서 사용할 수도 있습니다.

주택 소유주가 되면 받을 수 있는 대출들

1. 재융자

일반적으로 모기지 이자율이 1% 이상 내려가는 경우에 많은 주택 소유주들은 낮은 이자율로 변경하기 위하여 재융자를 신청합니다. 만약 20% 이하의 다운페이먼트를 하여 매월 모기지 보험을 납부하는 경우라면 집값이 올라 자산가치가 높아지면 재융자를 통해 모기지 보험이 제거되어서 월 모기지 지불금액이 낮아질 수도 있습니다. 또는 자녀의 학자금 융자 상환을 위해서 재융자를 받는 경우도 있습니다. 높은 이자율을 가진 신용카드 빚이나 학자금, 또는 다른 빚을 재융자를 통하여 낮은 모기지 이자율로 대체할 수 있습니다.

2. 홈에퀴티 론

집에 쌓인 자산의 가치를 담보로 받는 추가 대출로 2차 저당권이 됩니다. 이자율이 1차 대출보다는 높지만 신용카드 이자율보다는 현저하게 낮습니다. 이후 정해진 이자율과 상환 기간에 맞춰 매월 원금과 이자를 함께 갚아가는 것은 동일합니다.

늘어난 홈에퀴티를 활용하는 방법

① 가장 좋은 활용법은 집의 가치를 높이는 증축 또는 리모델링 프로젝트에 활용하는 것입니다.

② 작은 다운페이먼트로 주택을 구매하고 모기지 보험료를 내고 있는 경우 에퀴티 증가에 따라서 더 이상 보험료를 내지 않을 수도 있습니다.

③ 다른 부동산 투자를 할 수가 있습니다. 집을 동시에 사고 팔 때에도 많이 사용됩니다.

④ 신용카드, 학자금 등의 이자율이 높은 부채 항목을 없앨 수 있습니다.

⑤ 집을 수리할 때처럼 한번에 목돈이 필요할 때 유용할 수 있습니다. 신용카드보다 낮은 고정 이자율인 경우가 많기 때문입니다.

3. 라인 오브 크레딧

집의 담보 가치 중 사용 가능한 자금을 신용카드처럼 원하는 때에 원하는 금액만큼 사용할 수 있습니다. 대부분 이자 부분만 상환하고 원금은 그대로인 경우가 많은데 어떤 대출 기관은 의무적으로 사용해야 하는 최소 인출금액을 정해 두기도 합니다. 상환 기간은 대출 은행에 따라서 달라질 수 있으나 일반적으로 10년이며 15년까지도 가능합니다. 이자율이 변동금리이기 때문에 월 지불금액이 올라갈 수 있습니다. 만약 집값이 떨어지게 된다면 집의 가치보다 많은 돈을 빌리는 상황이 벌어지고 그때는 집을 팔아야 하거나 압류 들어올 수도 있습니다. 사용이 편리한 만큼 돈을 쉽게 인출하여 의도하지 않았던 곳에까지 사용해 과소비를 부를 수도 있으니 주의하셔야 합니다.

지금까지 미국의 부동산을 취득하기 위한 대출 프로그램을 살펴봤는데요. 여기서 많은 분들이 이런 질문을 주십니다.

질문 ▶

미국 부동산을 구매하려면 꼭 미국에 직접 가야 하나요?

답변 ▶

매물을 찾을 때 미국을 방문하는 것이 가장 좋겠지만, 상황이 여의치 않을 때에는 현지에 믿을 만한 사람의 도움을 받을 수도 있습니다.

현금으로 부동산을 구매할 때는 꼭 미국에 방문하지 않아도 부동산 구매를 할 수 있습니다. 공증사인을 해야 할 서류가 없으며 계약금과 잔금을 송금하면 계약이 완료됩니다. 하지만 대출을 활용할 경우에는 꼭 미국을 방문하셔야 합니다. 에스크로 클로징을 하기 최소한 3~4일 전에 미국을 방문해 최종 대출 서류(론닥)에 공증 사인을 직접 하셔야 하니까요

질문2 ▶

미국 부동산 주택 구매를 회사 이름이나 LLC(Limited Liability Company-유한책임회사)로도 구입을 할 수 있나요?

답변 ▶

네, 가능합니다. 단, 현금으로 구매만 가능하며 주택 담보 대출은 개인만 실행할 수 있습니다. 투자용으로 구입하는 경우에 투자자산의 책임과 의무에 대한 부분을 보호하고자 일반적으로 LLC(Limited Liability Company)을 설립하여 구입합니다. 외국인의 신분으로도 LLC 설립 가능합니다. LLC로 하는 가장 큰 이유는 책임(Liability)를 제한하기 위한 것입니다. 세입자가 문제를 제기하여 소송을 하더라도 LLC로 된 자산으로만 책임을 지며 소유주 개인의 재산에는 영향을 주지 않기 때문입니다. 많은 부동산 투자자들은 대부분 LLC 형태로 부동산을 구입하고 보유합니다. LLC 설립은 비교적 간단하며, 회계사나 변호사에게 문의하시면 됩니다. 상업용 부동산 구입을 하는 경우에는 현금 구입 또는 대출을 활용하는 경우에도 LCC 설립이 가능합니다.

대출에 필요한 서류 총정리

대출은 부동산 투자의 꽃이라고 할 수 있습니다. 대출이 잘 실행만 되어도 투자의 반은 성공한 셈이죠. 대출을 잘 받기 위해 갖춰야 할 서류를 다시 한번 정리해서 알려드립니다.

1. 소득 증명

대출 기관은 대출자의 상환능력을 최우선 요건으로 봅니다. 대출금을 잘 상환하려면 기본적인 소득 요건을 갖춰야 합니다. 따라서 부동산 구매자의 연 소득을 중요하게 살피고 있습니다.

미국의 거주자는 매년 국세청(IRS)에 개인 소득세 신고를 4월 15일까지 해야 합니다. 개인 소득액을 기준으로 부채 비율(DTI)을 따져 얼마큼의 대출액을 실행해도 되는지 계산합니다. 부채 비율의 계산 방법은 수입 대비 부채 비율을 산정해 도출합니다. 예를 들어 재정적 지출금액이 3천 달러인데 수입이 6천 달러라면 부채 비율은 50%가 되겠죠. 같은 상황에서 수입이 9천 달러라면 부채 비율은 33%로 떨어집니다.

그렇다면 모기지 은행으로부터 대출을 받으려면 부채 비율이 어느 정도 되어야 할까요? 그러기 전에 우선 'PITI'를 알아야 합니다. 'PITI'란 원금(Principle), 이자(Interest), 재산세(Tax), 보험(Insurance)을 모두 합친 것으로, 부채 비율을 계산할 때 기준으로 삼습니다.

모기지 은행은 일반적으로 43%의 부채 비율을 요구합니다. 이는 대출의 형태에 따라, 또는 자본금인 다운페이먼트의 비율에 따라서도 달라질 수 있습니다.

2. 주택구입 준비 자금

주택 구매를 위해 준비해야 할 최소 자금을 산출하는 방식은

주택 구입 최소 자금 = 자본금(Downpayment) + 주택 구매 비용(Closing Cost) + 예치금(Reserve)

여기서 자본금인 다운페이먼트는 대출 환경에 따라 계속 변할 수 있습니다. 20~30% 정도의 다운페이먼트가 가장 일반적이라고 보면 됩니다. 주택 구매 비용인 클로징 비용은 집값의 약 0.6~2% 정도를 생각하면 무난합니다.

3. 신용 평가 보고서

신용점수를 미국에서는 'FICO Score'라고 말합니다. 일반적으로

FICO가 740점이 넘으면 신용도 상태가 '매우 좋음'으로 최상의 조건으로 대출을 받을 수 있습니다. 모기지 은행은 신용 점수만 보는 것이 아니라 신용의 변동 내용, 기간과 부채 비율을 모두 참고해서 살핍니다.

4장

미국 부동산,
이렇게
다르다

'에스크로 제도'를
아시나요?

안전거래를 위한 에스크로 제도

미국 부동산에서 가장 특징적인 제도가 바로 에스크로(Escrow) 제도입니다. 에스크로 제도는 부동산 매매 계약 체결 후 권리 이전과 대금 지급을 제3의 독립적인 에스크로 회사가 대행하는 제도입니다.

에스크로 회사는 부동산 구매자에게 돈을 트러스트 계좌에 예치하고 있다가 소유권 이전이 완료되면 거래 비용을 정산하고 난 후에 판매자에게 판매 대금을 지급합니다. 이렇게 하는 이유는 개인과 개인의 법적 분쟁을 사전에 막고 원활한 상거래를 도모하기 위해서입니다. 1997년 미국에서 처음 도입이 되어 지금까지 이어져 시행되고 있습니다.

에스크로 제도는 단순히 지급대금을 보관하는 차원을 넘어서 자산 거래와 관련된 자금과 문서의 처리 서비스도 제공합니다. 그럼 에스크로 회사들이 하는 일은 구체적으로 어떤 일들이 있을까요?

1. 에스크로 회사가 하는 일

• 에스크로가 오픈되면 구매자 자금을 신탁 계좌로 수령 및 보관합니다.

• 구매 계약 및 공동 에스크로 지침에 자세히 설명된 대로 모든 계약을 검토하고 준수하며, 구매자와 판매자가 합의한 상호 서명한 서류의 지침을 따릅니다.

• 에스크로 지침/일반 조항, 수정, 교부 증서(판매자 서명용), 예상 거래 완료 명세서 및 소유권을 확인하는 데 필요하거나 신규 대출 기관이 요구하는 기타 문서의 준비를 관리합니다.

• 구매자의 대출 기관으로부터 대출 문서를 받고(해당하는 경우) 대출 기관의 지시에 따라 대출 기관이 요구하는 수정 사항 및 예상 거래 완료 명세서를 준비하고, 대출 기관이 필요로 하는 모든 항목을 자금 조달(funding)을 위해 대출 기관에 보냅니다.

• 판매자가 에스크로 동안 구매자와 판매자가 합의한 모든 비용, 유치권 상환 및 송장을 충당할 수 있는 충분한 자산을 보유하고 있는지 확인합니다.

• 구매자에게 부동산에 대한 명확한 소유권을 제공하는 데 필요한 모든 서류가 에스크로에 있는지 확인하고 자산을 구매자의 이름으로 이전하기 전에 구매자와 판매자가 구매 계약 및 에스크로를 통해 서면으로 합의한 모든 조건이 충족되었는지를 확인하고 거

래를 완료합니다.

에스크로 회사가 하는 일은 생각보다 많습니다. 큰돈이 오가는 부동산 거래는 작은 실수라도 생기면 큰 손해로 바로 이어지기 때문에 세심하게 살피는 일을 에스크로 회사가 합니다. 에스크로 회사가 하는 일을 바탕으로 에스크로가 어떻게 진행되는지 그 과정을 자세하게 알아보겠습니다.

2. 에스크로 진행 과정

① 부동산 중개인이 거래가격과 제반 조건에 대한 계약서를 에스크로 회사로 보낸다.

② 구매자는 에스크로 회사의 지정 계좌(트러스트 어카운트)로 계약금을 송금한다. 구매자의 계약서에 따라서 만들어진 에스크로 패키지가 나오면 구매자는 내용을 검토하고 서명을 한 후 에스크로 회사에 제출해야 한다. 이 패키지에는 구매자의 계약 조건, 구매자의 소유권 결정, 인적 사항 등이 포함된다.

③ 등기부를 사전 열람한다.

④ 구매자는 대출 절차를 확인한다. 판매자는 부동산 대출 내역서와 상환해야 하는 잔금 내역을 확인하고 상환한다.

⑤ 구매자의 화재 보험 구입 여부를 확인한다.

⑥ HOA 서류를 주문한다.

⑦ 구매자는 대출 기관이 요구하는 소유권 보험을 타이틀 회사를

통해서 들어야 하며 판매자는 구매자에게 소유권 보험을 들어주어야 한다.

⑧ 판매자는 흰개미 검사를 한 보고서를 구매자에게 전달한다. 만약 과거에 흰개미 치료가 실행된 적이 있었다면 치료가 완료됐다는 보고서를 구매자에게 전달하고 확인했다는 사인을 받는다.

⑨ 재산세, 이자, 집 임대료, 부동산중개료, 에스크로 수수료, 대출비용 등의 분할 계산을 정확히 하고 지급한다(집 등기 날짜 기준으로 클로징 비용 계산).

⑩ 에스크로 회사는 준비된 등기 서류를 타이틀 회사를 보내 구매자의 소유권 이전(County Recording)을 돕는다.

⑪ 등기 수속이 완료되면 에스크로 회사에서 구매자와 판매자에게 에스크로 완료 명세서(Closing Statement)를 제공한다.

이처럼 미국의 부동산 거래에서 에스크로는 많은 부분을 담당하고 있습니다. 에스크로의 보다 원활한 진행을 위해 구매자와 판매자가 꼭 지켜야 하는 사항들이 있습니다. 아래 사항을 지키지 못하면 결국 누가 손해를 볼까요? 좋은 부동산 거래를 이루기 위해 다음의 사항을 지키도록 합니다.

3. 에스크로 절차에서 구매자와 판매자가 지켜야 할 사항

• 구매자는 해당 주택의 구매 자금을 제때 입금한다.

• 문서를 꼼꼼하게 읽고 완전히 이해한다.

• 진행 과정이 원활하게 이어질 수 있도록 에스크로 회사의 추가 요

청에 빠르게 응답한다.

- 거래에 서명하기 전에 계약서를 잘 확인한다.
- 에스크로 문서는 세금 신고를 할 때 꼭 필요한 서류이므로 잘 보관한다.

에스크로를 실행하는 에스크로 에이전트는 부동산 거래에서 중립적인 제3자로서 매우 중요한 역할을 합니다. 부동산 거래에 관련된 모든 당사자들의 위험을 최소화해야 하기 때문에 특정 에스크로 지침을 따라 거래가 공정하고 질서 있게 진행되도록 해야 합니다. 주택(또는 기타 부동산)을 매매할 때는 일반적으로 거액의 송금이 수반됩니다. 이러한 자금과 관련 문서를 한 당사자에서 다른 당사자로 이전하는 것은 중립적이고 안전하며 지식이 풍부한 방식으로 처리되어야 합니다.

거래가 새로운 자금 조달 준비에 의존하는 경우, 필요한 준비를 하는 것은 구매자 또는 구매자의 대리인의 책임입니다. 새로운 대출 계약의 문서는 자산 양도가 일어나기 전에 에스크로 회사에서 관리를 합니다. 여기서 부동산 중개인은 적절한 대출 기관을 식별하는 데 도움을 줄 수 있습니다.

에스크로의 모든 지시 사항을 수행하면 거래가 완료됩니다. 이때 미납금을 모두 회수하여 소유권 보험료, 부동산 수수료, 흰개미 검사비 등의 비용을 납부합니다. 그런 다음 부동산에 대한 소유권은 에스크로 지침에 따라 이전되고 소유권을 보장하는 타이틀 보험을 확인합니다. 다운페이먼트 송금을 외국이나 개인 수표로 하는 경우에는 은행에서 수속이 늦어지면 손해 또는 불편함을 초래할 수 있으므로 미리 확인해 두는 것이 좋습니다. 에스크로 종료 시점에서 자금 지급은 에스크로가 수용할 수 있는 형식이어야 합니다.

에스크로 제도를 사용하는 이유

에스크로 제도는 판매자와 구매자 모두에게 안전한 금융 도구입니다. 부동산 거래에서 중요한 것은 거래에 참여한 모든 사람의 이익과 돈을 보호하는 것입니다. 판매자와 구매자는 거래에서 발생하는 모든 사항에 대한 신뢰를 필요로 합니다. 에스크로는 양측의 이익을 보호하고 원활한 거래를 성사시켜 부동산의 소유권 이전을 돕는 서비스입니다.

1. 에스크로의 장점1 - 법적 분쟁이 줄어든다.

에스크로를 통해 부동산을 거래하면 구매자와 판매자의 분쟁이 줄어듭니다. 일단 서로가 누군지 몰라도 에스크로 회사를 통해 거래를 하기 때문에 얼굴을 붉힐 일이 줄어듭니다. 에스크로는 구매자와 판매자 사이를 오가며 각자의 프라이버시를 보호합니다. 구매자는 판매자가 누군지 모르더라도 골치 아픈 일 없이 대금 결제를 할 수 있어 편리합니다.

2. 에스크로의 장점2 - 제3자의 개입으로 원활한 계약이 이뤄진다.

에스크로의 중립 역할로 구매자와 판매자는 원활하게 계약할 수 있습니다. 구매자는 지급 대금을 안전하게 에스크로에 맡겨 돈을 떼일 염려가 없습니다. 판매자도 소유권 이전만 확실하게 진행된다면 에스크로 트러스트 계좌를 통하여 판매 대금을 안전하게 전달받을 수 있습니다. 만약 구매자가 계약에 따른 의무를 이행하지 않으면 어떻게 될까요? 그때는 계약금이 판매자에게 양도될 수도 있습니다.

3. 에스크로의 장점3 - 구속력 있는 계약을 실행할 수 있다.

개인과 개인이 거래하면 구속력이 떨어질 수 있습니다. '더 좋은 집이 나왔는데 다른 집으로 할까?' 하는 변심의 사유라든지, 불성실한 응대로 약속을 제때 이행하지 않는다든지 하는 다양한 문제가 발생할 수 있죠. 하지만 에스크로를 통한 부동산 거래에서는 구매자와 판매자 모두 에스크로에 명시된 사항에 따라 약속을 이행해야 합니다. 예를 들어 구매자는 약속한 날짜에 지불대금을 완납해야 하는 것처럼요.

4. 에스크로의 장점4 - 복잡한 서류와 진행 절차를 대신해 준다.

부동산 거래는 복잡한 서류와 진행 절차의 연속입니다. 소유권 이전을 마치기까지 검토해야 할 서류만 해도 수십 장이죠. 바쁜 판매자와 구매자를 대신해 에스크로는 이러한 업무를 대행합니다. 판매자와 구매자는 믿을 수 있는 안전한 에스크로를 통해 자신들의 시간과 노력을 절약할 수 있습니다.

  에스크로 회사의 담당자는 에스크로 기간동안 매매계약서에 합의된 모든 사항을 하나씩 점검해 철저히 처리해 나갑니다. 에스크로가 끝나기 전에 모든 법적 문서를 작성합니다. 소유권 양도증서는 판매자로부터 공증을 받고, 주택담보 대출 최종서류는 구매자로부터 공증을 받습니다. 이 모든 사항이 처리되고 판매자와 구매자 간의 합의가 다 이루어지고 이행이 되면 해당 부동산이 속한 카운티에 등기를 합니다. 동시에 구매자에게 부동산 소유권이 이전되고 판매자는 매매대금을 전달받습니다.

02
구매자에게 정말 중요한
'컨틴전시 리무버'

컨틴전시 리무버를 알아야 손해 보지 않는다

사람 마음은 갈대와 같다고 했나요? 기껏 살피고 선택한 부동산이 마음에 영 안 들 수도 있습니다. 그럴 때는 어떻게 해야 할까요? 미국 부동산 거래에서 볼 수 있는 특징 중 하나가 바로 '컨틴전시 리무버(Contingency Removal)'입니다. 계약을 체결한 후에도 이를 취소할 수 있는 기회가 주어지는 것으로, 구매 계약을 합법적으로 취소할 수 있는 근거의 역할을 합니다.

컨틴전시 리무버는 일종의 조건 해제조항입니다. 부동산 계약 단계에서 가장 중요한 부분이기 때문에 숙지하고 있어야 합니다. 컨틴전시의 조건에는 대출, 집 감정, 홈 인스펙션이 일반적으로 해당합니다. 가끔은 타이틀(소유권)이나 HOA와도 관련이 되기도 하고요.

컨틴전시 리무버의 기간은 홈 인스펙션과 주택 감정이 진행되는 기간과 같을 수도 있고 더 빠를 수도 있으므로 이 기간을 잘 이용해야만 한답니다. 홈 인스펙션과 주택 감정은 오퍼 수락을 받은 후 17일, 대출은 21일 정도가 일반적이지만 협상에 따라 이 기간을 상황에 따라서 더 빠르게 또는 늦게 조정, 협상을 할 수 있습니다. 이 기간 안에 홈 인스펙션이나 주택 감정에 문제가 생겨 계약을 물리고 싶은 마음이 들거나 예상했던 대출이 원활하게 나오지 않을 경우 구매자는 계약을 취소할 수 있습니다. 이 기간 안에 이루어진 계약 취소는 계약금을 돌려받는 것으로 마무리됩니다.

만약 이 기간을 넘어서 구매자가 계약을 취소한다면 계약금을 돌려받지 못합니다. 그때는 구매자가 에스크로에 맡긴 계약금이 판매자에게 전달됩니다. 구매 계약금은 일반적으로 주택 구입 금액의 3% 정도입니다. 만약 100만 달러의 주택을 구입하는 경우라면 구매 계약금은 3만 달러가 됩니다. 컨틴전시 리무버에 따라 3만 달러의 계약금을 손해 볼 수도 있기 때문에 에스크로 진행 기간 중에 있는 컨틴전시 기간을 잘 활용해야 합니다. 그래야 구매자는 계약금을 손해 보는 일이 없습니다.

컨틴전시 조건의 종류

구매자는 계약서를 작성할 때 여러 가지 컨틴전시 조건을 포함시킵니다. 그래야 나중에 계약을 파기할 때 이유가 되기 때문이죠. 이 조건은 구매자와 판매자 양측의 협상에 의해 최종적으로 결정하게 됩니다. 그러면 구매자 입장에서 컨틴전시 조건으로 내걸어야 하는 중요한 항목들은 무엇일까요?

1. 주택 담보 대출에 관한 컨틴전시

대출을 받아서 부동산 구매를 진행하려던 구매자는 막상 대출이 실행되지 않으면 멘붕에 빠지게 됩니다. 그때는 당황해서 어떤 조치도 취할 수가 없겠죠. 이런 상황이 닥치면 구매자는 컨틴전시 기간에 신속한 결정을 내려야 합니다. 대출이 안 되는 이유를 찾아 해결하는 방법도 있습니다. 해결하지 못할 경우에는 할 수 없이 구매 계약을 취소해야 합니다.

컨틴전시 기간 안에 계약을 취소하면 에스크로 오픈할 때 지불한 계약금을 돌려받을 수 있습니다. 하지만 컨틴전시 리무버 사인을 하고 난 후에 계약을 파기하면 계약금을 돌려받기란 사실상 매우 어렵습니다. 그러한 이유로 오퍼를 수락한 후에 구매자는 빠른 속도로 대출을 신청하고 승인을 받아두는 게 좋습니다.

2. 주택 감정 컨틴전시

주택 구매를 하면서 담보 대출을 실행하면 대출 기관에서는 그 담보의 가치 상태가 어떤지 주택 감정을 실시합니다. 부동산을 담보로 돈을 빌려준 은행은 손해를 보고 싶어 하지 않죠. 따라서 주택감정사를 통해 해당 주택의 상태를 조사합니다. 주택 감정을 시행한 주택감정사는 주택 감정 보고서를 작성하는데 거기에는 최근 주변에서 매매된 주택의 가격, 형태, 크기, 상태 등에 대한 내용을 적습니다. 그 후 최근 반경 3마일 이내에 있는 매매된 유사한 부동산과 비교해 보고서를 작성합니다. 그렇게 작성된 보고서는 대출 기관에 접수되고 구매자는 자신이 구매하고자 하는 주택의 상태를 알게 됩니다. 주택 감정 보고서의 내용이 예상했던 감정 가격이 구매가격과 많은 차이가 생긴다면 구매자는 구매 계약을 취소할 수 있습니다.

3. 홈 인스펙션 컨틴전시

홈 인스펙션은 주택의 상태를 확인하는 절차입니다. 사람으로 치면 신체검사를 한다고 생각하면 이해가 쉽겠네요. 홈 인스펙션을 하는 이유는 구매하고자 하는 주택에 큰 하자가 있는지를 확인하기 위함입니다. 만약 큰 하자가 있다면 집수리 또는 고장 난 부분을 교체 요청할 수 있습니다. 수리할 때 비용이 발생하면 그에 대한 비용을 청구할 수 있습니다. 수리나 교체할 정도가 아닌 아주 큰 하자라면 구매 계약을 취소할 수도 있습니다.

부동산 계약을 할 때 에스크로 오픈을 하면 가장 먼저 실행해야 할 일이 대출 신청을 하는 것과 바로 이 홈 인스펙션을 하는 것입니다. 그만큼 시간이 걸리기도 하고 중요한 일이기도 합니다. 세월아 네월아 했다가는 컨틴전시 기간 안에 하자를 발견하지 못하고 그냥 지나쳐 버릴 수도 있으니 부지런히 움직여야 합니다.

4. 타이틀 컨틴전시

타이틀은 '등기'를 뜻합니다. 등기보고서를 살펴 구매하고자 하는 주택에 소유권의 결함, 유치권 또는 저당권에 문제가 있는지 점검해야 합니다. 만약에 해당 부동산의 타이틀에 저당권이 있는 경우라면 문제 해결이 되어야만 에스크로를 완료할 수 있습니다. 에스크로를 오픈하고 나면, 3~5일 후에 타이틀 리포트(Preliminary Report)를 받아서 확인할 수 있습니다.

경매로 주택을 구입하는 경우라면, 특히 더 타이틀에 대해 세밀한 조사를 해야 합니다. 저도 실제 거래를 진행하는 과정에서 타이틀에 문제가 발생한 적이 있었습니다. 에스크로 진행 중에 판매자의 등기에 동명이인의 저당권이 설정되어 있는 것을 발견했는데 판매자가 본인이 아님을 증명하면서 일단락됐습니다. 또 다른 경우로는 판매자가 7~8년 전에 사업을 하면서 미처 해결하지 못한 연체금으로 인하여 유치권이 설정되어 있는 것을 타이틀 기록을 통해 알게 되었습니다. 판매자가 연체금을 해결하고 나서야 집 매매가 이루어질 수 있었습니다.

5. HOA 컨틴전시

각 주(State)에 따라서 HOA는 비교적 적은 비용으로 단기간에 압류를 주택에 걸 수 있습니다. 캘리포니아에서는 HOA 관리비의 연체료가 1천 8백 달러 이상이거나 최소 12개월이 경과한 경우 압류를 실행할 수 있습니다.

서브 프라임 금융위기 이후, 숏세일 매매가 매우 많았던 시기가 있었습니다. 숏세일로 매매하던 주택 대출 상환금을 6개월 이상 연체했음은 물론이고 HOA 관리비까지도 1년 동안 연체가 돼서 애를 먹었던 적이 있습니다. 이를 해결하기 위해 변호사 비용까지 대며 모기지 은행과 HOA 매니지먼트 회사와 협상을 하느라 고생했던 기억이 새록새록 하네요.

지금까지 컨틴전시 조건의 종류를 알아봤습니다. 컨틴전시 기간은 계약서 작성할 때 구매자와 판매자가 합의해 작성합니다. 판매자 입장에서는 컨틴전시 기간이 짧을수록 유리합니다. 괜히 더 시간을 끌어봐야 집의 하자와 안 좋은 점만 구매자가 발견할 게 뻔하니까요. 구매자 입장은 그 반대겠죠. 시간이 길수록 유리합니다. 넉넉한 시간이 확보되어야 대출을 알아보는 시간도 길어지고 집을 꼼꼼히 살필 시간도 늘어납니다.

캘리포니아 계약서 양식에서는 기본적으로 대출 컨틴전시 기간은 21일입니다. 그 외의 컨틴전시 기간은 17일로 돼 있습니다. 최근에는 공급이 줄고 수요가 늘어 판매자 중심의 시장으로 변하다 보니 10일 정도로 단축되는 경향이 있습니다. 시간이 짧아진 만큼 구매자와 구매자의 중개인은 서둘러 컨틴전시 조건을 살피느라 고군분투하고 있죠. 좋은 판매자를 만난다면 기간 협상은 얼마든지 가능합니다. 구매자는 확보된 시간을 충분히 활용해 구입할 주택을 자세히 분석하고 살펴 자신에게 유리한 계약이 될 수 있도록 해야 합니다.

03

'소유권 보험'을 알면
내 재산을 지킬 수 있다

소유권 보험이란?

어느덧 집도 마련하고 편안하게 거실에서 TV를 보며 쉬고 있는데 현관벨이 울립니다. "누구세요?" 하고 나가봤더니 "이봐요! 여긴 내 집이요! 어서 나가시오!" 이렇게 낯선 사람이 항의를 한다면 이 무슨 황당한 상황일까요? 이런 일이 실제로 일어날 것 같지 않지만 실제로 일어난다는 것이 문제입니다. 바로 소유권 보험을 소홀히 했기 때문입니다.

소유권 보험(Title Insurance)은 현재 내가 거주하는 부동산의 소유권을 지키기 위해 가입하는 보험을 말합니다. 부동산을 구매할 때 한 번의 비용 지출로 보험에 가입하게 되며 판매자, 구매자 모두를 위해 소유권 보험료를 지급합니다. 이렇게 하는 이유는 과거 소유권을 보호하기 위한 조치로 보험 비용에는 소유권 데이터를 심층 검색하는 비용도 포함됩니다.

소유권 보험은 부동산 소유권의 결함으로 인한 재정적 손실로부터 구매자와 대출 기관을 보호하는 역할을 수행합니다. 소유권에 문제가 생겨 발생하는 청구 종류는 주로 체납세, 유치권, 그리고 분란이 많은 유언장의 경우입니다. 이런 골치 아픈 일을 미연에 방지하기 위해 모든 부동산 거래는 해당 부동산에 유치권이 없는지 확인해야 하며 명확한 소유권이 보장돼야 합니다.

미국 부동산 키워드 🔍

소유권 보험 증서
소유권 보험 증서는 다른 당사자의 소유권, 문서의 잘못된 서명, 위조와 사기, 결함 있는 기록, 기록되지 않은 지역권과 같은 제한적 계약, 미결소송, 유치권과 같은 재산에 대한 저당물 또는 판결 등으로부터 보호하는 역할을 합니다.

소유권 보험 증서의 2가지 유형

1. CLTA
CLTA(California Land Title Association)은 표준 보장 정책으로. 표준부동산 소유자를 보장하고 부동산이 매각될 때까지만 보장합니다. 구매자가 일반적으로 구입하는 소유권 보험 유형입니다.

2. ALTA
ALTA(American Land Title Association)는 CLTA 정책에서 제외된 가능한 미기록

위험에 대해 대출 기관이 보장하는 확장된 보장 정책. 대출금이 상환될 때까지 유지됩니다. 판매자가 구입하는 소유권 보험 유형입니다.

어떤 소유권 문제가 발생할 수 있습니까?

1. 이전 소유자의 사기 행위에 해당하는 것

- 부동산에 소유권을 이전하지 않는 위조문서
- 위조 모기지 또는 모기지 해제
- 사기꾼에 의한 토지의 실소유자 사칭
- 만료되거나 위조된 위임장에 따라 실행된 문서

2. 법적 문제로 발생할 수 있는 것

- 공증인의 권한 부족으로 인한 잘못된 승인
- 미성년자 또는 기타 권한이 없는 사람의 등기 등록
- 유언장의 무효, 억압, 비공개 및/또는 잘못된 해석
- 이전에 공개되지 않은 상속인으로 재산에 대한 소유권을 가지고 있는 경우

3. 절차상의 문제로 생기는 것

- 이름의 유사성으로 인한 부정확한 사인

- 오류 및 필사 누락
- 원본 문서 보존 실패 등 공공 기록의 오류 또는 법적 문서 기록 오류
- 미납, 유산, 상속, 소득세 또는 증여세, 유치권이 되는 특별 평가에 대한 유치권

4. 대출 기관의 요청 사항

대출 기관은 해당 부동산을 담보로 대출이 이루어졌기 때문에 구매자가 대출 기관의 보험 증서를 받도록 요구를 합니다. 부동산 소유권의 결함은 대출 기관의 담보 가치에 영향을 미칠 수 있으므로 소유권 보험을 대출 금액에 해당하는 만큼을 요구합니다.

소유권 보험이 없을 때 생기는 문제들

소유권 보험이 없으면 여러 가지 문제가 발생할 수 있습니다. 소유권 결함이 있는 부동산 거래는 거래 당사자를 상당한 위험에 처하게 할 수 있습니다. 예를 들어볼까요? 소유권 보험이 없는 경우, 체납 세금 청구의 재정적 부담은 전적으로 구매자에게 전가됩니다. 생각지도 않은 미납 재산세를 대신 내야 하거나 과세 기관에 압류가 잡혀 집을 잃어버릴 수도 있습니다. 그런 일이 발생한다면 얼마나 억울할까요?

부동산 소유권에 문제가 있는 경우, 대출 기관은 모기지 금액 한도

내에서 보상을 받으려고 합니다. 이러한 불상사를 막기 위해 부동산 구매자나 투자자는 구매를 진행하기에 앞서 해당 부동산에 잘못된 소유권이 설정돼 있는지 꼭 확인해야 합니다. 특히 경매로 나온 주택은 미해결된 문제가 산재해 있을 가능성이 큽니다. 자세히 살펴 괜한 사건·사고에 휘말릴 우를 미연에 방지하는 자세가 필요합니다.

미국 부동산 보험 가이드

한국에서는 집 구매 시 주택담보대출을 받아도 집 보험 의무 가입을 강요받지 않습니다. 하지만 미국에서는 모기지 대출로 집 구매 시 담보가 되는 집의 담보가치 손실 위험을 보험으로 보상받을 수 있게, 구매자에게 집 보험 가입을 의무화합니다. 보험을 들지 않으면 대출이 승인되지 않습니다.

화재나 도난, 고의적인 파손행위 등으로 인해 주택이 손상될 경우를 대비하여 가입하는 재산 보험이며, 또한 집주인의 잘못으로 인하여 제3자가 상해를 입었을 경우에도 필요한 비용을 보상해 주는 보험입니다.

물론 좋고 비싼 집은 보장 금액이 커서 보험료가 높을 수 있지만, 산불재해 지역이었거나 홍수 피해지역으로 기록이 된 경우에는 일반적인 집 보험료보다 1.5-2배 정도 더 높게 책정이 됩니다.

미국 50개 주에서 보험료가 가장 높은 다섯 지역은 플로리다, 텍사스, 루이지애나, 오클라호마 그리고 미시시피입니다. 모두 토네이도(Tornado)와 열대 폭풍(Tropical storm)이 빈번한 지역이기 때문입니다.

1. 집 보험 항목과 용어

- **Actual Cash Value(ACV)** : 실제 현금 가치는 교체 비용에서 손실 당시 손상되거나 도난당한 자산의 감가상각비를 뺀 금액입니다. 자산을 판매할 수 있는 실제 가치로, 이를 대체하는 데 드는 비용보다 항상 적습니다.

- **Deductible** : 주택 소유자 보험 공제액은 보험 회사가 청구에 대해 지급하기 전에 본인이 부담하는 금액입니다. 보험에 가입할 때 공제액을 선택하지만, 청구를 제기하는 경우에만 공제액을 지급합니다. 공제액이 높을수록 보험료는 줄어들게 됩니다.

- **Dwelling Coverage** : 주거 보장은 화재 또는 기타 보장된 손실 원인이 발생할 경우 주택의 물리적 구조를 수리하거나 재건 비용 지급을 목적으로 하는 주택 보험 정책의 주요 구성 요소입니다. 주거 보장 한도는 주택 재건축의 예상 비용을 기준으로 합니다. 인플레이션과 인건비 상승으로 인해 매년 5% 정도를 올리는 것이 좋습니다. Dwelling Coverage는 재건축 비용만 고려하기 때문에 집 시세와 다를 수 있습니다.

- **Loss of Use or Additional Living Expenses(ALE)** : 사용 상실 보장은 피해 보장된 사건으로 인해 주택이 수리 또는 재건되는 동안 일시적으로 거주할 수 없게 된 경우 합리적인 주택 및 생활

비에 대해 발생할 수 있는 추가 비용을 지불하는 데 도움이 될 수 있습니다. (호텔비, 식비, 추가로 발생하는 교통비 등)

- **Medical Payment** : 일반적으로 주택 소유자 정책에 포함된 또 다른 유형의 개인 책임 보장으로 다른 사람에 대한 의료비입니다. 일반적으로 주택 소유자, 세입자 또는 콘도 정책은 본인의 재산에서 우발적으로 부상을 입은 사람에게 필요한 의료 비용을 지급하도록 규정합니다.

- **Personal Liability** : 해당 거주자가 법적으로 책임이 있는 타인이 입은 신체적 상해 및 재산 피해에 대한 청구를 지불하기 위한 보장을 제공합니다.

- **Personal Property** : 개인 소유물 / 유형자산(가정용품, 가구, 전자 제품, 공구 등 집과 같이 고정된 위치에 영구적으로 부착되지 않고 움직일 수 있는 기타 모든 것)

- **Replacement Cost Value**(RCV) : 교체 비용 정책은 감가상각(Depreciation)을 공제하지 않고 피해를 받은 손상된 자산을 수리하거나 새로 교체 시 구입 비용을 보상하는 것입니다.

2. 집 보험 보상(Coverage)

- **화재**(Fire) : 화재가 발생해서 집이 전소되거나 부분만 피해가 발생했을 때, 집을 원래 상태로 다시 짓거나 보수공사가 필요할 때, 보

상을 받을 수 있습니다.

- **도둑 / 파손**(Theft / Property Damage) : 집에 도둑이 들어 개인물품이나 가구, 전자제품 등의 동산을 도난당했을 때 보험 회사로부터 보상받을 수 있습니다. 차 안에 있던 물건을 도난당하거나, 심지어는 여행 중에 도난당한 물건들도 보상받을 수 있습니다. 귀중품의 경우에는 보험사마다 다르지만, 통상적으로 보상한도는 3천 달러 정도까지입니다.

- **책임보험**(Personal Liability) : 집을 소유하고 있으면서 법적으로 책임지어야 할이 발생했을 때, 보상받을 수 있습니다. 집안에서 발생한 사고로 인해 가족이 아닌 제3자가 방문해 피해를 입거나 다쳤을 경우 손해 보상을 받을 수 있다. 예를 들자면, 방문자가 수영장에 빠져서 사고를 당하거나, 어린 방문자에 뒤뜰에서 뛰어놀다 넘어져서 머리를 심하게 다치는 경우가 해당됩니다.

- **물 피해**(Water Damage) : 집에서 누수로 인해 피해가 발생했을 때, 보상받을 수 있는 조항입니다. 오래된 파이프에 구멍이 생겨 벽에 물이 스며들고 바닥이 손상되었을 때나, 화장실 물이 역류하여 집 안에 홍수가 났을 경우를 들 수 있습니다.

- **홍수, 지진, 허리케인**(Flood, Earth Quake, Hurricane) : 홍수나 지진, 허리케인 같은 천재지변에 따른 피해는 기본 집 보험으로는 보상받

지 못합니다. 만약 천재지변에 대해 보상을 받으려면, 보험을 각각 따로 들어야 합니다.

- **자연 노화현상**(Wear & Tear) : 오래된 집에서 자연적인 노후로 인해 배관이 파열되거나 오래된 지붕에 구멍이 나서 비가 새거나 하는 것은 보상이 되지 않을 수 있습니다. 자연적인 노화현상은 보험으로 커버 받을 수 있는 대상이 아니기 때문입니다.

3. 집 보험의 종류(Homeowner Insurance)

미국 집 보험은 어떤 종류가 있는지 알아두면 집 보험 정책을 이해하는 데 도움이 됩니다.

- **HO-1**(Basic Form) : HO-1은 홈오너 보험 종류 중에 가장 최소한의 커버리지만 보장하는 form입니다. 화재, 폭우 등 재난으로 인한 피해를 보장하나 약정되지 않은 손실은 보장하지 않습니다.

- **HO-2**(Broad Form) : HO-2는 HO-1이 보장하는 부분에 추가로 배수관 동결, 냉난방 시스템 등에 대한 피해 보상 등이 추가됩니다. 다만, HO-1과 같은 Limited Coverage 보험으로 명시된 부분 외에는 보상해 주지 않습니다.

- **HO-3**(Special Form) : 가장 대중적으로 많이 사용되는 집 보험 형태로 Open Peril(위험) Coverage가 적용됩니다. 따라서 Limited

Coverage와 달리 어떤 형태의 위험에서든 집이나 부속 구조물이 받은 피해를 보상해 줍니다.

- **HO-4(세입자 보험 Renters)** : HO-4(Renters Insurance Policy)는 세입자 재산을 보호하는 표준 보험입니다. 집주인(Landlord)의 재산(ex. rent unit)은 보호하지 않기 때문에 집 주인은 따로 홈오너 보험을 가입해야 합니다.

- **HO-6(콘도 보험 Unit Owner)** : HO-6(Condo Insurance Policy) 콘도와 타운하우스 소유자를 위한 보험입니다. Walls-in Coverage라고도 하는데요. 16 종류 peril(위험)에 대해 Unit간 벽과 천장 및 바닥, 그리고 소유주의 개인 물건을 보상해 주는 보험입니다.

자료제공 : Billy Woo

04

홈 인스펙션이
필요한 이유

홈 인스펙션에서 하는 검사들

미국은 땅이 넓은 만큼 다양한 모양의 주택들이 있습니다. 단독주택도 1채의 크기가 어마어마한 것이 많죠. 홈 인스펙션은 주택의 건강 검진과 같습니다. 머리부터 발끝까지 괜찮은 곳은 어디인지, 아픈 곳은 어디인지 우리 몸을 검사하는 것처럼 주택도 검사합니다. 그렇다면 홈 인스펙션에서는 어떤 검사들을 실행할까요?

홈 인스펙션의 체크리스트는 다양한 주택의 모양만큼이나 아주 다양합니다. 각각의 주택의 상황에 따라 체크리스트는 달라질 수 있죠. 수영장의 유무도 살펴봐야 하고 주택이 언덕에 있는 경우도 있고, 차고가 집에서 멀리 떨어진 경우도 있을 수 있습니다. 각자의 상황에 따라 홈 인스펙션의 검사 내용은 달라집니다. 우선 주택의 외부와 내부로 체크리스트를 나눠볼 수 있겠네요.

1. 외부 체크리스트

차고 및 간이 차고, 외부 문, 배수, 그레이딩 및 옹벽, 벽 덮개, 패티오, 발코니, 계단, 베란다 및 난간, 처마, 근막 및 처마 밑면(보이는 경우), 지붕, 굴뚝과 채광창 등

2. 내부 체크리스트

문과 창문, 차고 문 및 작동 여부, 설치된 가전제품, 벽, 바닥 및 천장, 캐비닛 및 조리대, 벽난로 및 온열 기구, 집 내부의 바닥, 침실, 욕실, 주방, 거실 등의 상태 포함

이제 부문별로 다시 살펴보겠습니다.

1. 배관

온수기, 주방 개수대, 수도꼭지, 하수도, 배수, 환기 및 폐기물 시스템, 누수의 여부, 균열, 배관 결함이 있는지 여부

2. 전기

서비스 장비, 낙하, 접지 및 주 차단기, 서비스 케이블, 입구 도체 및 전선로, 조명 기구, 콘센트 및 전원 스위치, 과전류 보호 장치, 회로 차단기, 온도 조절 장치, 통풍구, 전기 패널, 단열재 및 증기 지연 장치를 포함한 HVAC(난방, 환기 및 공조) 에어컨

사람이 살아가는 데 꼭 필요한 것이 물과 전기입니다. 사용하는 물이 잘 나오는지, 잘 흘러가는지 배수를 확인하고 배관의 결함이 있는지 균열이 있는지 살피는 것은 아주 중요한 일입니다. 또 전기도 문제가 없는지 살핍니다. 전기가 잘 들어오는지, 누전의 우려는 없는지, 화재의 위험성은 없는지 미리 살핍니다. 홈 인스펙션을 제대로 해두는 것만으로도 재산상의 손해를 크게 줄일 수 있습니다.

홈 인스펙션을 통해 집의 모든 것을 살피지만 또 포함되지 않는 항목도 있습니다. 예를 들어 마당의 조경, 흰개미와 같은 해충, 라돈과 같은 공기 중 위험, 저전력 전기 시스템(경보 시스템 및 전화선)이 쉽게 접근할 수 없는 지역인지 아닌지 등은 홈 인스펙션 대상이 아닙니다. 일부 주택 검사관은 곰팡이 또는 이산화탄소 테스트와 같은 추가 서비스를 제공하기도 하지만 이런 특수 테스트는 추가 비용을 따로 청구될 확률이 높습니다.

그럼 홈 인스펙션의 비용은 누가 지불할까요? 대부분의 경우, 주택 구매자가 홈 인스펙션을 하고 난 후에 비용을 지불합니다. 비용은 집의 위치, 크기, 구조, 수영장의 유무에 따라 다르며 주택 매물의 연령도 비용 책정에 영향을 미칩니다. 비용은 대체로 4백 달러에서 1천 달러 정도라고 보시면 되겠습니다.

홈 인스펙션의 필요성

홈 인스펙션 전문가를 고용해 구매할 주택을 둘러보고 현재 주택의 상태, 주의가 필요한 사항들을 점검해 보면 구매자는 앞으로 입주 후에 어떤 사항에 대해 준비하고 유지 관리가 필요한지 알게 됩니다. 홈 인스펙션 전문가가 제출한 '주택 점검 보고서(Home Inspection Report)'를 통해 기존에 관리가 잘 됐었는지 아니면 대대적인 수리가 필요한지 일목요연하게 알게 되는 거죠. 집의 상태에 중대한 문제나 하자가 있다면 판매자에게 수리를 요청합니다.

홈 인스펙터(주택검사관)의 자질에 따라 어떤 문제가 더 발견되기도 합니다. 아니면 반대로 그냥 발견하지 못하고 지나칠 수도 있죠. 제가 처음 부동산 에이전트로 활동을 시작했을 때의 일이었습니다. 타운하우스를 거래하던 시점이었는데 그 타운하우스는 온수기가 집에서 조금 멀리 떨어진 곳에 설치된 집이었습니다. 구매자가 이사를 간 후 연락이 왔습니다. "전기료가 너무 많이 나오는데 이상해요!" 주택 점검 보고서를 살펴보니 온수기에는 별 이상이 없는 것으로 나와 있었습니다. 나중에 알고 보니 온수기가 사용할 때만 작동해야 하는데 어느 부분에서 물이 새고 있어서 온수기가 계속 작동을 하고 있던 것이었습니다. 당연히 전기료가 폭탄을 맞을 수밖에요. 이처럼 사람이 하는 일이라 결과값이 다르게 나올 수 있습니다. 숙련된 홈 인스펙터를 만나는 것도 행운이라고 볼 수 있겠네요. 그래서 일을 잘하는 중개인은 유능한 홈 인스펙터와 일하는 것을 선호합니다.

홈 인스펙션을 하는 이유는 결국 집의 견고함과 안전한 주택인지 확인하는 과정입니다. 당연히 경제성도 고려하는 것일 테고요. 좀 더 상세하게 홈 인스펙션을 하는 이유에 대해 알려드리겠습니다.

1. 선택에 대한 확신을 갖기 위해

주택 구입은 일생일대의 큰 결정 중의 하나입니다. 돈이 많아서 다주택을 보유하고 사는 사람도 있지만 열심히 모아서 온 가족이 안락하게 살 수 있는 집 한 채를 겨우 마련하는 사람도 많죠. 1주택이든 다주택이든 주택의 구입은 신중해야 합니다. 내가 심사숙고해서 고른 주택에 나중에 문제가 생겼다? 얼마나 속상할까요? 그런 일을 미연에 방지하기 위해 홈 인스펙션을 실행합니다. 미리 알고 만나는 것과 실컷 만나고 나중에 진실을 알게 되는 것은 천지 차이니까요.

주택은 안전하고 견고해야 합니다. 그래야 내 가족, 내 재산을 여러 위험으로부터 지킬 수가 있습니다. 홈 인스펙션의 주된 목적은 구매자가 견고하고 안전한 주택을 구입했다는 확신을 하기 위해서입니다. 처음부터 이상한 집을 구매하고 싶은 구매자는 없을 겁니다. 행여나 하자가 없기를 바라면서 내 집이 안전한 집이기를 바라죠. 홈 인스펙션은 구매자에게 선택에 대한 확신을 심어주는 검사입니다.

2. 안전 문제를 미리 발견하기 위해

홈 인스펙션은 잠재적으로 구매하려는 집을 철저히 조사할 수 있는 기회입니다. 홈 인스펙터는 숙련된 사람들로 기존 주택은 물론, 지은

지 얼마 되지 않은 신축 주택의 문제점도 발견합니다. 발견된 문제 중 일부는 큰 문제가 아닐 수도 있지만 생각보다 수리비가 많이 드는 대공사가 기다리고 있을 수도 있습니다. 하지만 대체로 수리 가능한 문제들이 발견되는 것이 일반적입니다. 적절하지 않은 배선, 마모된 지붕, 작동 불가능한 창문, 배관 결함과 같은 문제는 수리만 하면 극복할 수 있는 문제입니다.

그런데 간혹 홈 인스펙션이 구매자의 취향까지 고려해야 하는 것으로 착각하는 분들이 계십니다. 홈 인스펙션의 목적은 집에 있는 모든 것이 구매자의 취향에 완벽하게 맞는지 확인하는 것이 아닌, 홈 인스펙션을 통해 집에 눈에 띄는 안전 문제가 없는지 확인하는 것입니다.

3. 구조적 문제를 찾기 위해

홈 인스펙션을 실행하는 이유 중 하나는 집에 구조적 문제가 없는지 확인하는 일입니다. 집의 구조는 집에서 가장 중요한 구성 요소 중하나입니다. 구조를 변경하기란 쉽지가 않습니다. 잘못된 구조를 발견하면 수정하는 데 수천 달러의 비용이 들 수도 있으니까요. 잠재적으로 숨어있는 구조의 문제를 발견하는 것도 홈 인스펙터가 할 일입니다. 천장과 벽의 심각한 균열, 기초 벽의 균열, 수평이 아닌 문틀 등이 그에 해당합니다.

4. 잠재적 미래 비용을 예측하기 위해

집을 구매하는 과정에서 홈 인스펙션을 받아야 하는 또 다른 중요한 이유는 미래 비용을 예측하는 데 도움이 될 수 있기 때문입니다. 홈 인스펙터가 지붕이나 에어컨의 예상 수명이 거의 다했다고 표시하면, 새 지붕이나 새 에어컨에 대한 예산을 세워야 합니다.

홈 인스펙션을 통해 수리 비용이 발생하면 어떻게 해야 할까요? 우선 판매자와 가격협상에 들어가야 합니다. 원래 수락했던 계약 조건을 재협상을 할 수도 있고, 주택 구매 가격을 낮추거나 수리 비용을 요청할 수도 있습니다.

그런데 주택 판매자는 이를 거부할 수도 있습니다. 부동산 거래에서 직면하는 가장 큰 어려움 중 하나는 홈 인스펙션 단계에서 많은 거래가 중단된다는 사실입니다. 구매자와 판매자의 재협상이 잘 이루어지지 않으면 계약은 취소되기도 합니다. 구매자가 홈 인스펙션 결과에 만족하지 않기 때문입니다.

05

왜 '흰개미 검사'를
하는가?

구매자를 위한 보증, 흰개미 검사

미국에서 주택을 구매할 때 한국과 다른 점이 많이 있는데 그중 하나가 바로 '흰개미 검사(Termite Inspection)'를 한다는 점입니다. 미국 캘리포니아는 오래된 목조 주택이 많습니다. 흰개미는 나무에 주로 서식하는 해충으로, 집의 구조에 피해를 끼칠 수 있습니다.

따라서 미리 흰개미 검사를 실시해 집의 상태를 샅샅이 파악하는 게 좋습니다. 만약 흰개미의 피해를 발견했다면 수리 여부를 결정하고 박멸 조치를 합니다.

부동산을 구입하거나 재대출을 할 때 대부분의 대출 기관은 주택이 흰개미에 의해 파손이 됐는지의 여부를 알기 위해 흰개미 검사를 요구하기도 합니다. 꼭 해야 하는 필수사항은 아니지만, 집의 가치를 보존하기 위해서도 해두는 것이 좋습니다.

만약 흰개미로 인한 손상이 심한 경우에는 주택의 담보 가치가 현저히 떨어질 수 있기 때문입니다. 주택에 구조적 손상까지 일으킬 정도로 피해가 있다면 대출 기관은 라이센스가 있는 흰개미 검사 회사에 수리하도록 요구하기도 합니다.

특히 목조주택에 해로운 흰개미

구매자 입장에서도 흰개미 검사는 꼭 필요합니다. 구매자는 집을 구매하기 전에 부동산 거래의 과정으로 흰개미 검사를 요청하는 게 유리합니다. 에스크로 기간 중에 이를 신청할 수 있으며 판매자와 계약서를 작성할 때도 흰개미 검사 요청 유무를 확인해야 합니다.

이렇게 하는 이유는 판매자가 자신의 주택의 상태를 제대로 파악하고 있는지 점검해야 하기 때문입니다. 집의 상태를 판매자도 제대로 알고 있어야 나중에 가격 재협상을 할 때 구매자 입장에서 유리한 가격을 제시할 수가 있습니다.

흰개미가 만연한 집은 주택으로서의 가치가 떨어집니다. 모든 부동산의 재산 가치는 중요합니다. 이를 제대로 알고 협상하는 것은 부동산 거래의 기본자세입니다.

흰개미 검사는 어떻게 할까?

흰개미 검사관이 오면 어떻게 흰개미 검사를 진행할까요? 일단 검사관이 현장을 방문합니다. 검사관은 검사를 통해 주택의 손상된 부분을 나열하고 구조물에 추가 처리가 필요한지 판매자와 구매자에게 알려줍니다. 일반적인 흰개미 검사는 검사관 눈에 보이는 영역에 한정됩니다. 검사를 하는 곳은 침실, 화장실, 옷장과 같은 주택 내부의 모든 방을 확인합니다.

외부의 경우는 패티오, 차고 등을 확인하며 여기에 지하실, 다락방도 포함합니다. 검사하는 동안 해충의 흔적과 누수되는 파이프, 습기로 손상된 목재도 덤으로 찾아냅니다. 검사관이 조사를 완료하면 그 결과를 판매자와 구매자에게 흰개미 조사 보고서를 작성해 제출합니다.

판매자는 조사 결과에 따라 모든 처리와 수리에 대한 책임을 집니다. 흰개미 조사를 통해 현재 자신의 주택 상황을 알게 된 판매자는 흰개미의 피해 상황을 확인하고 결과에 따라 수리할 것인지 아닌지를 결정합니다. 흰개미 검사 비용은 평균 100달러 정도 이지만, 적게는 50달러에서 많게는 280달러까지 낼 수도 있습니다.

그럼 흰개미로 인한 피해의 수리 비용은 누가 부담을 할까요? 일반적으로 판매자의 클로징 비용에 해당하기 때문에 판매자가 지불을 합니다. 흰개미는 훈증으로 처리해야 박멸할 수 있습니다. 판매자는 흰개미로 인한 구조물의 수리 비용과 함께 훈증 비용까지 포함해 지불합니다.

흰개미 박멸법

- 집 전체에 텐트를 씌운다.
- 독가스를 텐트에 주입한다.
- 독가스를 마신 흰개미와 해충이 박멸된다.
- 훈증 요법은 3일 정도 소요된다.
- 훈증하는 동안 집 내부에 음식을 두지 않는다.

독가스를 주입하는 훈증 요법을 시행하려면 집 안에 사람도 있어서는 안 됩니다. 흰개미를 박멸하는 3일 정도의 시간 동안 잠시 피신해 있어야 합니다. 대부분 집을 매매할 때 판매자가 이사를 나간 후에 훈증 처리를 하고 3일 정도 경과 후 구매자가 이사를 들어오는 방식으로 진행됩니다.

5장

미국 부동산의
흐름을 알면
당신도 부자

미국 부동산의
흐름을 읽어라!

순영업이익을 보면 현금 흐름이 보인다

지금까지 미국 부동산을 거래할 때의 계약 사항과 과정, 필요한 조치들에 대해 알아보았습니다. 이번 챕터에서는 좀 더 거시적인 관점으로 미국 부동산의 흐름을 읽어내는 방법을 알아보겠습니다.

우리가 부동산 투자를 하는 가장 큰 이유는 안정성과 가치 투자에 있습니다. 그리고 대출 기관을 통해 대출을 활용해 새로운 수익 창출을 할 수 있다는 점에서 부동산 투자는 여전히 각광받는 자산 증식 방법입니다.

이렇게 괜찮은 자산 증식을 활용해 더욱 많은 이익을 내기 위해 많은 사람들이 오늘도 고군분투하고 있습니다. 한국의 부동산 투자에서 확장해 이제는 미국 부동산에도 진출할 수 있는 기회가 많아졌습니다. 우리는 그중에서 자신에게 맞는, 더 많은 이익을 가져다줄 수 있는 부동산에 투자하면 됩니다.

하지만 미국 부동산은 아직 생소한 영역입니다. 어떻게 하면 제대로 공부해서 효과적인 투자를 해서 보다 나은 이익을 얻을 수 있을까요? 미국 부동산 시장을 분석하려면 아주 간단하게 접근하면 됩니다. 제일 먼저 순영업이익을 살펴보면 현금의 흐름이 어떻게 흘러가는지 보일 겁니다.

순영업이익(NOI)은 투자를 할 때 아주 중요한 개념입니다. 얼마를 투자해서 얼마나 수익률을 낼 수 있는지가 바로 순영업이익입니다. 즉, 총수입에서 운영 비용을 뺀 나머지가 순영업이익입니다. 운영 비용에는 자산 관리 비용, 법률 비용, 일반 유지 보수, 재산세 및 건물주가 지불하는 모든 유틸리티가 포함됩니다. 단 모기지 지불 금액은 포함되지 않습니다. 자영업자의 하루 매출이 1,000만 원이라고 해서 그대로 순영업이익이 되는 것은 아닙니다. 1,000만 원에서 재료비, 인건비, 하루치를 계산한 임대료 등을 포함해 제하면 그 나머지 금액이 순영업이익이 됩니다.

부동산 투자도 마찬가지입니다. 예를 들어 상가용 부동산인 경우, 재산세, 건물 보험료, 관리비를 임차인이 지불하기 때문에 순이익을 계산하기가 훨씬 수월합니다. 즉, 월 임대료가 순이익이 되는 셈이죠. 좀 더 정확하게 순이익을 산출하려면 정확한 임대료를 파악하고 주변의 임대료 시세도 알아보는 것이 좋습니다.

순영업이익이 왜 중요할까요? 어떤 투자의 형태가 모기지 상환에 필요한 충분한 수입을 창출할 수 있는지 알 수 있기 때문입니다. 사실

우리는 이미 알고 있습니다. 얼마큼의 순이익을 얻어야 운영비를 쓰고 인건비를 쓰고 남는 돈으로 얼마를 내가 가져갈 수 있는지를 말이죠. 내가 가져갈 수 있는 순이익이 커질수록 부의 길로 걸어갈 수 있는 지름길이 열립니다. 부동산은 임대 수익이 창출되기 때문에 가파르게 순이익을 쌓을 수 있는 수단이 됩니다. '갓물주'라는 표현이 괜히 나오는 게 아닙니다.

순영업이익의 개념을 이해했다면 이제 현금 흐름을 내 주머니에 들어오게 만들어야 합니다. 부동산에서 현금 흐름은 단독주택 임대, 상가 부동산 등 임대 소득이 있는 부동산에서 만들어낼 수 있습니다. 현금의 흐름을 잘 보면 임대 사업이 잘 운영되고 있는지도 보이게 되죠. 만약 임대 부동산의 월 임대료가 5천 달러이고 제반 비용이 4천 달러라면 순 현금 흐름은 1천 달러가 됩니다. 대부분의 부동산 투자자는 현금 흐름이 좋은 임대 부동산을 소유하기를 희망합니다. 투자한 부동산에서 현금 흐름이 많을수록 수익은 더 좋아지며 투자자는 더 많은 수입을 가져가게 됩니다.

현금 흐름을 계산하는 방법은 부동산의 총수입에서 재산과 관련된 모든 비용을 공제하고 모든 채무 상환액(모기지 대출 상환금)을 뺍니다.

▶ 부동산의 현금 흐름 계산법

부동산의 총수입 - 총비용 = 현금 흐름

여기서 총비용으로 지출되는 부동산 관련 비용은 부동산의 유형에 따라 다릅니다. 상가 부동산의 경우, 임차인이 재산세, 건물 보험료, 관리비를 지불하기 때문에 주택 부동산보다 비용이 적게 나갑니다.

부동산 투자는 인생에서 부를 향해 접근하는 매력적인 기회로 작용합니다. 세계에서 가장 부유한 사람들을 보면 많은 사람들이 부동산 투자로 현금 흐름을 얻었고 이를 잘 활용해 부를 축적했습니다. 현금 흐름의 중요성을 이해하고 이를 극대화하기 위해 전략을 잘 짜는 사람은 부자의 대열에 손쉽게 합류할 수 있습니다.

 미국 부동산 키워드

상업용 부동산(임대 부동산) 대출할 때에 돈을 빌려주는 은행은 DCR(Debt Coverage Ratio) 비율, 즉 투자 대비 현금 흐름의 비율에 따라서 대출의 여부를 결정합니다. 일반적인 대출 기관에서는 DCR 1.25%를 요구합니다.

DCR 계산법은 순이익/부채상환금
예 : 순이익이 연 5만 달러이고 부채 상환이 4만 달러라면 DCR은 1.25(5만 달러/4만 달러 = 1.25)입니다. DCR 1.25는 부동산이 모기지 상환금을 지불하는 데 필요한 현금으로 1.25배(또는 33% 더) 더 많이 생성된다는 것을 의미합니다.

미국 부동산 시장을 분석하는 방법

부동산 시장을 분석할 때는 최근 매매가격을 활용해보는 것이 가장 좋은 방법입니다. 거기에 지역이라는 '입지'를 살펴봅니다. 입지는 어느 나라이건, 어느 지역이건 만국 공통의 부동산 언어입니다. 입지가 좋은 지역은 가치가 높을 수밖에 없습니다. 공급은 한정돼 있는데 몰려드는 수요는 폭발적이기 때문이죠.

입지 요건에는 대중교통과 학교, 생활 편의시설의 근접성, 공원, 해변과 같은 인근 레크레이션 환경의 유무 등이 포함됩니다. 반면 쓰레기 매립장, 축사, 묘지 등 혐오시설이 있는지의 유무, 건강을 해치는 산업시설 등이 근처에 있는지도 살핍니다.

실전처럼 해보려면 시뮬레이션을 돌려보는 것도 좋습니다. 미국에서 핫한 인기 지역 하나를 골라 구매하고 싶은 주택을 하나 선정합니다. 그리고 인근에서 비슷한 조건의 부동산이 얼마에 매매됐는지 조사합니다. 반경 3마일, 5마일로도 확대 분석해봅니다.

부동산의 평균 매매 가격 계산, 평방 피트, 층수, 집의 나이, 침실의 개수, 욕실 개수, 주방의 형태, 수영장, 지붕의 형태 등을 비교해 판매 가격을 측정합니다.

이렇게 하다 보면 내가 사고 싶은 부동산의 매매 동향도 더 쉽게 알 수 있고 미국 부동산 시장의 흐름도 저절로 파악이 돼 큰 공부가 될 수 있습니다.

부동산 시장 분석을 잘하게 되면 부동산 시장의 주기도 알게 됩니다. 즉, 시장의 흐름을 파악할 수 있게 된다는 거죠. 나의 현재 상황에 맞는 적절한 부동산도 고를 수 있는 눈이 생깁니다. 부동산에 투자하려는 사람이라면 시장 분석을 이용해 수익성이 보다 좋고 투자 전략에 어울리는 가장 적합한 주택을 찾을 수 있습니다.

우리가 작은 물건 하나를 사면서 '투자가치가 얼마나 될까?'라고 생각하지는 않습니다. 하지만 주택의 경우는 다릅니다. 미래 가치가 있을 거라고 예상하면서 우리는 부동산을 구입합니다. 더구나 투자용 부동산이라면 더욱 그러하겠죠. 더 많은 기대수익을 원한다면 여러 가지 분석을 하고 또 해야만 합니다. 그래야 투자 실력이 늘 수 있습니다.

누군가가 미리 시도했던 투자 방법을 보면서 배우는 것도 좋은 방법 중의 하나입니다. 다른 사람은 "부동산 구매를 언제 했는지? 얼마나 투자 수익률이 높았는지?" 등을 분석합니다. 제가 가장 많이 받는 질문이 무엇인지 아세요? "지금 집을 사도 될까요?"입니다. 그만큼 투자 시기는 중요합니다.

제 고객분들의 투자 사례를 살펴보도록 하겠습니다. 2008년 서브프라임이 터지기 직전인 2006년에 오렌지 카운티의 단독주택을 20%의 다운페이먼트를 하고 45만 달러에 구매했습니다. 계산대로라면 9만 달러로 45만 달러의 집을 구매한 셈인 거죠. 16년이 지난 지금의 시세는 78만 달러입니다. 9만 달러의 투자로 33만 달러의 수익을 냈으니 367%의 수익을 낸 것이죠. 연 수익률은 22.9%입니다.

두 번째 투자 사례는 서브프라임 이후에 은행 압류 매물을 구입한 경우입니다. 2012년 오렌지 카운티의 38만 달러의 단독주택을 3.5% 다운페이먼트(1만3,300달러)를 해서 구입했습니다. 현 시세는 86만 달러입니다. 투자 수익은 48만 달러, 투자금은 1만 3천 3백 달러입니다. 36배 이상의 엄청난 수익을 갖게 된 경우죠.

부동산은 지역에 따라 투자 편차가 생기기도 합니다. 어느 지역에 부동산을 구입했느냐에 따라 5년 후, 10년 후의 편차가 생기기 마련입니다. 그래서 흔히들 부동산은 '로케이션', 즉 지역이라고 합니다. 한국에서는 투자하기 좋은 지역을 '역세권'으로 보는 것 같습니다. 미국은 땅이 넓어 고속도로를 중심으로 교통의 요지를 확인합니다. 주변에 몇 개의 고속도로가 있는지에 따라 미래가치를 판단합니다.

미국의 부동산은 특히 팬데믹 이후 급격한 상승 폭을 보이고 있습니다. LA 카운티의 경우 지난해와 비교해도 평균 판매가격이 18.1% 상승했습니다. 오렌지 카운티는 어떨까요? 지난해와 비교해 평균판매가격이 21.61% 상승했습니다. 리버사이드 카운티의 경우 지난해와 비교해 평균판매가격이 20.91% 상승했죠.

대체로 가족 위주의 도시로 형성된 오렌지 카운티가 가격상승이 높게 나타나고, 외곽지역의 리버사이드 카운티의 가격 상승률도 높아지고 있음을 알 수 있습니다.

주택의 형태에 따라서도 단독주택의 가격은 꾸준히 오르고 있습니다. 집값 상승률이 타운하우스보다 5% 이상, 콘도보다 8% 이상 더 큰 상승을 보이고 있죠. 팬데믹 이후 독립적인 주거 공간에 대한 열망이 크게 반영된 결과라고 볼 수 있습니다.

자산가치를 평가하는 요소

부동산 구입을 하는 구매자는 가능하면 좀 더 싸게 구입을 하기를 희망합니다. 그러면서 팔 때는 높은 가격에 팔고 싶어하죠. 그렇다면 매매 가격은 무엇을 기준으로 정해질까요? 부동산의 가치와 가격을 정하는 기준을 살펴보겠습니다.

1. 건물의 크기

부동산의 가격을 결정하는 것은 땅의 크기도 있지만 집의 크기가 더 크게 작용합니다. 같은 지역의 비슷한 주택이어도 집 크기가 더 큰 쪽의 가격이 더 비쌀 확률이 높습니다.

2. 집의 상태

오래된 집보다 새 집이 가격면에서 더 유리합니다. 구조적으로 편리한 집이 좋고 천정의 높이가 높은 집이 좋은 가격을 받을 수 있습니다. 전문 디자이너가 설계하거나 리모델링한 집이라면 시장에서 높은 가격을 받게 됩니다. 매매 또한 빠르게 진행될 확률이 높아집니다. 이와 반대로 집의 구조가 복잡하고 어둡고 수리해야 할 게 많은 집은 가격이 상대적으로 낮게 책정됩니다.

3. 부동산의 위치

부동산의 입지는 아무리 강조해도 모자랍니다. 가격이 상승하는 위치에 속하려면 경제활동이 왕성한, 도로교통이 좋은 곳에 있어야 합니다. 살기 편리한 인프라가 잘 갖추어진 대도시를 사람들은 선호하게 됩니다. 좋은 기후는 일년 내내 바깥 활동을 할 수 있어서 생산성과 소비성이 증가 되고 이어서 사업의 기회가 활발해지며 직업의 기회도 많아지는 선순환이 되는 구조가 되어 사람들이 몰리게 되면서 당연히 부동산의 가치는 상승할 수밖에 없을 것입니다.

자녀를 위한 교육환경이 좋은 곳도 선호하는 지역입니다. 학군이 좋은 지역은 대체로 안전한 지역이라고 보장되며 주택 가격도 높은 편에 속합니다.

4. 생활편의시설

주택 구매자는 생활하기 편리한 곳을 선호합니다. 예를 들면 코스트코와 같이 생필품을 살 수 있는 대형 마켓, 식당, 은행 등이 인접해 있는지를 확인합니다. 운동시설, 공원이 있고 상권이 잘 형성돼 있는 곳을 좋아합니다. 자연경관이 좋으면서도 안전한 지역을 선호하는데 그래서인지 최근에는 게이트(Gate)가 있는 주택을 선호하는 경향이 더 높아지고 있습니다.

5. 부동산의 수요와 공급의 법칙

부동산뿐만 아니라 모든 종류의 시장은 수요와 공급의 법칙을 따르게 돼 있습니다. 팬데믹의 영향으로 건축자재의 공급 부족 현상이 일어났고 이는 주택 가격의 상승으로 이어지고 있습니다. 게다가 주택 구매 붐이 일어나면서 주택시장의 재고가 펜데믹 이전과 비교하면 30~70%까지 크게 낮아졌습니다. 팬데믹이 끝나고 부동산 거품론이 일면서 주택가격의 큰 하락을 예상하기도 했지만, 급격한 공급 부족으로 잠시의 하락세를 지나서 도리어 집값이 오름세로 가는 경향을 보이고 있습니다. 가장 큰 이유는 주택 소유주들의 갈아타기 현상이 멈춘 것이라고 할 수 있습니다.

6. 모기지 금리

모기지 이자율이 낮으면 주택 구매 수요가 늘어나고, 이자율이 올라가면 반대 현상이 일어납니다. 하지만 현재 인플레이션이 일어나고 있기 때문에 모기지 이자율이 상승을 해도 주택 가격이 하락세로 가기는 어려울 것으로 보이며 지역적인 편차가 드러날 것입니다.

7. 경제 전망

경제의 전반적인 건전성 또한 부동산 시장에 큰 영향을 미칠 수 있습니다. 경제가 강력한 고용과 노동 조건과 함께 성장을 경험하고 있다면 더 많은 미국인이 주택을 구입할 능력이 생기는 것이므로 부동산 가치가 상승하게 될 것입니다. 즉, 전체적인 미국 경기가 좋으면 실물 경기도 당연히 좋아지게 되는 이치인 셈입니다. 미국의 경제도 양극화 현상이 두드러지고 있는 상황이므로 경기침체 국면으로 들어가게 되면 사회적으로 변화가 생기면서 부동산 시장에도 또 다른 변화를 보일 수도 있을 것입니다.

8. 인구와 인구 통계

인구가 계속 늘어나는 곳은 성장하고 있는 도시라고 할 수 있습니다. 인구의 증가는 임대료의 상승, 주택 가격의 상승으로 이어집니다. 인구 증가와 함께 살펴봐야 할 것이 바로 가구 소득입니다. 성장하는 도시는 고용력이 충분합니다. 그런 지역은 투자가치가 있는 지역이라고 볼 수 있습니다.

그렇다면 누가 부동산의 자산가치를 평가할까요?

- **판매자** : 많은 판매자가 자산을 시장에 내놓기 전에 자산의 가치에 대해 스스로 알아봅니다. 그리고 담당 중개인의 권장 사항을 평가하고 최종 가격(Listing Price)에 동의하는 것은 판매자 본인입니다.

- **구매자** : 자체 조사 및 분석을 하고 부동산의 적당한 가격을 정하고 오퍼(Purchase Price)를 합니다. 대부분은 부동산 중개인과 논의해서 오퍼 가격을 정합니다.

- **부동산 중개인** : 유능한 부동산 중개인은 지역의 시장을 잘 파악할 뿐만 아니라 고객의 요구와 시장 상황, 솔루션을 가지고 최고의 협상을 만들어냅니다.

- **전문 감정인** : 구매자가 자금 조달을 위한 대출을 받고자 할 때 대출 기관에서 부동산 가치를 평가하기 위해 전문 감정인을 고용합니다. 감정사는 일반적으로 주택 유형(단독주택, 콘도 등), 평방 피트, 실용 면적, 침실 및 욕실 수, 연령, 등급 및 상태와 같은 보다 엄격한 객관적 측정에 의해 가격을 결정합니다. 감정사는 가치에 대한 의견을 제시하기 위해 부동산의 현장 방문과 함께 비교 가능한 판매 방법을 가장 많이 사용합니다. 그 의견을 보고서로 작성한 것을 '주택 감정보고서(Appraisal report)'라고 합니다.

부동산의 가치를 평가할 때 은행의 가치평가가 있고, 시장에서 하는 가치평가가 있습니다. 주택 구매자가 주택 담보 대출을 신청할 때 대출 기관은 해당 부동산을 평가합니다. 이를 은행 가치평가라고 합니다. 그리고 시장에 형성된 가격은 시장 가치평가라고 합니다. 은행과 시장의 가치평가는 서로 일치하지 않을 수 있습니다. 대출 기관에서 평가한 부동산의 가치가 시장의 가치보다 낮은 경우가 종종 있습니다. 은행은 주택 가치에 대해 다소 보수적으로 접근하기 때문입니다.

시장 가치는 구매자가 자유롭고 오픈된 시장에서 원하는 집에 대해 지불할 의사가 있는 금액에 따라 결정됩니다. 특히 주택 공급이 부족한 상황에서는 시장의 가치가 은행의 가치보다 더 높게 책정될 수밖에 없습니다.

- **가격** : 판매자(Seller)가 원하는 가격을 'Asking Price' 또는 'Listing price' 라고 합니다. 구매자(Buyer)가 원하는 가격으로 오퍼를 하게 되는 것을 'Offer Price'라고 하며, 양측이 동의하여 매매 가격을 결정한 것은 'Sales Price' 또는 'Purchase Price'이라고 합니다.

부동산 가격을 정하는 중요한 3가지 방법

1. 소득 접근법(Income Approach)

부동산에서 얼마의 소득이 발생하는지를 기준으로 가격을 책정하는 방법입니다. 주로 상업용 부동산과 임대 부동산에 많이 적용됩니다. 자본투자수익률(Cap rate)로 가격이 결정되는데, 자본투자수익률이 높을수록 투자이익률도 높다고 봅니다. 반대로 자본투자수익률이 낮다면, 부동산 구매 가격이 높다고 할 수 있습니다.

자본투자수익률 (Cap Rate) = 총수입 - 총비용

단, 총비용에 모기지 할부금은 포함되지 않습니다.

예를 들어, 1000 Beach Blvd의 상가를 500만 달러에 구입할 경우 이 상가에서 매월 2만 달러의 임대 수익이 들어온다면 1년에 24만 달러의 수익이 발생합니다. 상가의 경우에는 재산세, 건물 보험료, 유지관리를 임차인이 지불하게 되므로 월 임대 수익이 순수익이 됩니다. 따라서 자본투자수익률 4.8%입니다.

또는 주택을 1백만 달러에 구입을 하고 월 임대료 4천 달러를 받게 된다면, 연 수익 4만 8천 달러가 됩니다. 여기에서 비용으로 재산세 약

1만 2천 달러/년, 집 보험료 8백 달러/년, 유지보수비 약 2천 달러를 제하면 순소득은 3만 3천 2백 달러가 되어 순수익률 3.3%가 됩니다.

일반적으로 순수익률이 상업용 부동산에 비하여 주거용 부동산이 낮습니다. 대체로 공실률이 낮은 인기 지역, 좋은 입지 조건인 경우에는 자본수익률이 낮아지는 경우가 많습니다. 결국 매매가격이 높다고 할 수 있는 것이죠. 전체적으로 상가 부동산, 사무용 부동산, 창고 부동산의 매물을 보면서 투자 가능성을 볼 때 이 방법을 많이 사용합니다.

2. 판매비교 접근법(Comparable Approach)
판매비교 접근법은 주변의 최근에 판매된 유사한 부동산을 비교하는 방법입니다. 부동산의 가치를 추정하기 위해 매매가격의 시장 데이터를 사용합니다.

부동산의 건물 크기, 방의 개수, 업그레이드 여부, 부동산의 상태 및 건물의 연령과 같은 물리적 특징을 포함하여 해당 부동산과 반경 3마일에 위치한, 최근 3개월에서 6개월 사이에 판매가 완료된 부동산과 비교합니다.

예를 들면, 얼바인의 약 2,000SF(약 56평) 정도의 타운하우스의 가격이 145만 달러라고 가정해 봅시다. 2016년에 지어진 비교적 새집으로 속하며 침실 3개, 욕실 2.5개의 구조입니다. 이런 형태는 인기가 가장 좋은 집의 크기, 가격대이기도 합니다. 얼바인의 비슷한 크기의 집과 한번 비교해보겠습니다. 가격은 145만 달러로 같고, 1975년에 지어진 약2,400SF(약 67평)의 단독주택입니다. 비슷한 크기의 집과 비교하는 방법도 있지만 지어진 시기가 유사한 주택을 비교해보는 방법도 있습니다. 2018년에 지어진 약 70평 크기의 3층 구조의 타운하우스의 가격은 135만 달러이고, 유사한 조건의 단독주택의 가격은 172만 달러입니다. 이처럼 판매가격을 비교하는 방법은 같은 도시더라도 집의 상태에 따라, 그리고 부동산 시장의 상황에 따라 가격이 결정됩니다.

판매비교 접근법은 비교적 자료가 많은 주거용 부동산에서 통상적으로 사용합니다.

3. 비용 접근법(Cost Approach)

부동산 평가에 대한 비용(원가) 접근법은 부동산의 가치가 동등한 구조를 건설하기 위한 총원가와 동일해야 한다고 전제합니다. 비용 접근법은 토지원가와 건설원가를 더한 값에서 감가상각액을 뺀 값을 고려합니다. 이 비용 접근법은 다른 부동산 평가 방법에 비해 신뢰성이 낮은 것으로 간주되지만 신규건설이나 비교 대상할 만한 부동산이 거의 없는 단독주택의 경우 유용하게 활용될 수 있습니다. 비용 접근법은 학교, 병원, 정부 건물처럼 특별한 부동산에 흔히 사용됩니다.

02

미국만의 부동산 투자 특성을
활용하라!

레버리지, 주택 담보대출을 이용하자

부동산 투자의 장점은 레버리지(Leverage), 즉 대출을 받아 투자하고 싶은 부동산을 구매해 이익을 남길 수 있다는 겁니다. 미국은 외국인도 부동산을 투자할 수 있는 매력적인 투자처입니다. 담보 대출을 받는 데 있어서 외국인이라고 제약이 있지 않습니다. 그러니 꼭 시도해 볼 수 있는 투자 대상이 되겠죠. 부동산에 투자하는 사람은 미래가치를 내다보고 투자를 합니다. 하지만 모든 부동산 투자가 꼭 성공하는 것만은 아닙니다. 실패를 할 수도 있고 손해를 입을 수도 있습니다. 제가 지금부터 들려드리는 투자 사례를 보시고 실패보다는 성공적인 투자를 하시는 데 도움이 되시길 바랍니다.

사례1

4년 전, 3.5%(약 2만 달러) 다운페이먼트를 하고 57만 달러의 오렌지 카운티에 있는 단독주택을 구매. 현재 시세는 85만 달러.

① 투자금액은 2만 달러로 28만 달러의 이익이 발생했다.

② 주택의 자산가치가 28만 달러 상승해 재대출을 실행해 모기지 이자율을 낮췄다.

③ 20%의 다운페이먼트를 하지 않을 경우, 모기지보험을 지불해야 하는데 집값이 상승해 주택자산이 쌓이게 되어 모기지 보험을 없앴다.

④ 그러자 모기지보험이 없어지고 모기지 지불금액이 낮아졌다.

⑤ 이는 경제적으로 큰 이득으로 이어졌다.

⑥ 이런 경우 늘어난 주택 자산을 현금화해 개인사업 비용으로도 사용이 가능하다. 또는 자녀 주택 구매의 다운페이먼트로도 사용할 수 있다.

이렇게 주택을 구매하면서 가족들의 생활은 더 만족스러워졌습니다. 또 다른 투자 사례를 또 볼까요?

사례2

임대 부동산 투자 사례로, 2010년에 4유닛 아파트를 125만 달러에 구매.

① 125만 달러에 구매한 아파트 시세가 300만 달러로 올라 판매했다.

② 판매한 대금으로 320만 달러의 패스트푸드 상가를 구입했다.

③ 아파트 판매로 175만 달러의 양도 수익이 발생했다.

④ 수익부동산 투자의 경우 활용할 수 있는 제도 '1031 교환제도'를 통해 발생한 양도소득세 세금을 유예받았다.

미국은 사례1 처럼 레버리지를 활용한 담보대출을 통해 부동산 수익을 크게 낼 수 있는 시장입니다. 만약 양도소득이 발생하면 사례2에서 적용한 '1031 교환제도'를 통해 세금 납부를 유예받을 수도 있습니다. 다주택 보유에 대한 규제도 없기 때문에 투자 시장으로 가장 적합한 곳이 바로 미국 부동산입니다.

여러 가지 형태의 절세를 이용할 수 있다

• **주택 소유자 면제** : 주택 소유자가 독신일 경우, 최대 25만 달러, 부부의 경우 50만 달러까지 양도소득세가 면제됩니다.

• **감가상각을 할 수 있다.** : 투자한 부동산 건물의 비용에 대해 감가상각을 해서 세금 공제를 받을 수 있습니다. 투자 부동산을 구입 후 감가 상각 기간은 주거용 부동산은 27.5년, 상업용 부동산은 39년입니다. 이는 과세 대상 소득을 낮추는 데 도움이 됩니다.

• **적격사업소득 공제** : 파트너십, 개인 기업, S-corporations 및 유한 책임 회사(LLC)와 같은 통과 사업체로부터 받는 소득에 대해 최대 20% 공제를 받을 수 있습니다.

- **기회 지역 투자** : 2017년 세금 감면 및 고용법(Tax Cuts and Jobs Act of 2017)을 통해 만들어진 기회 구역은 정부가 개인과 기업이 경제 성장을 촉진하기 위해 특정 지역사회에 투자하도록 장려하는 방법입니다. 양도소득세는 소득, 자산 소유 기간 및 세금 신고 상태에 따라 달라질 수도 있습니다.
- **1031 교환** : 자본 이득에 대한 세금을 연기하거나 내지 않을 수도 있습니다.

미국 부동산 키워드 🔍

1031 교환 제도

'1031 교환 제도'는 부동산 투자를 하려는 사람들이 절세를 할 수 있는 확실하고도 이로운 환상적인 미국의 제도입니다.

'1031 교환 제도'의 유래는 국세법(IRC) 섹션 1031에서 시작됐습니다. 다른 말로 '1031EX'라고 합니다. 이는 부동산 중개인, 소유권 회사, 투자자들이 사용하는 단어로, 10월 31일이 '할로윈데이'여서 '할로윈데이'라고 부르기도 합니다.

부동산 매매 시에 양도소득이 발생하면 양도소득세를 납부해야만 합니다. 그런데 '1031 교환 제도'를 활용하면 양도소득세의 납부를 연기할 수 있습니다. 당장 세금으로 내야 할 돈을 다른 부동산에 재투자할 수 있는 것은 물론, 10년, 20년 후에 세금을 납부하며 그동안의 인플레이션을 유예할 수 있는 아주 멋진 제도입니다.

또, 세금 연기한 것을 상속으로 연결시키면 그동안 쌓인 소득세를 한 푼도 내지 않을 수도 있습니다. 부동산 투자자 입장에서는 더할 나위 없는 제도인 셈인 거죠.

그렇다면 어떤 경우에 '1031 교환 제도'를 활용할 수 있을까요?

① 상업용 부동산 : 매매하고 다시 다른 상업 부동산 구매를 할 때, 또는 주 거용 임대 부동산을 구매할 때
② 주거용 부동산 : 매매하고 상업용 또는 주거용 임대 부동산을 구매할 때

조건을 살펴보면, '1031 교환 제도'는 투자용 부동산을 매매할 때 혜택을 볼 수 있다는 것을 알 수 있습니다. 단, 이 제도를 활용하려면 매각자산, 대체자산 모두 미국에 위치해야 합니다. 예를 들어, 뉴욕의 상가를 매각하고 캘리포니아에 있는 아파트를 매입할 수 있다는 것이죠.
이 제도에는 일종의 법칙이 있습니다.

*1031 교환 법칙

- 45일 규칙 : 부동산 매각 후 45일 이내에 취득하고자 하는 부동산을 명시하여 서면으로 중개자(1031 스페셜 리스트)에게 대체 부동산을 지정해야 합니다.
- 180일 규칙 : 부동산을 매각 후 180일 이내에 대체 부동산의 구매를 완료해야 합니다. 타임 라인이 동시에 실행되므로 부동산 매매 시점부터 계산을 시작합니다. 예를 들어, 정확히 45일 후에 대체 부동산을 지정하면 대체 부동산 구입을 완료하는 데까지 135일 남아 있는 것입니다. 미리 대체자산을 구입하고 현재의 자산을 매각하는 방식을 역교환이라고 합니다. 이렇게 하는 경우에도 1031 교환 자격을 얻을 수 있습니다. 마찬가지로 동일하게 45일 및 180일 기간이 적용됩니다.

- 200% 법칙 : 판매된 자산의 누적 가치의 200% 이하의 부동산을 구입해야 하는 규칙입니다.
- 95% 법칙 : 매각 자산가치의 95% 이상의 가치 또는 그 이상의 가치가 있는 자산을 취득해야 합니다.
- 보유 기간 : 최소 2년을 보유해야 합니다.
- 1031 교환 종료 시점 : 부동산을 매각하고 다시 대체 부동산을 구입하지 않게 되면, 최종 매각이 되며 세금 유예가 끝나게 됩니다.

1031 교환의 실질적인 사례

James 씨는 14년 전에 16유닛의 아파트를 250만 달러에 매각하고 '1031 교환 제도'로 400만 달러의 30유닛 아파트를 구입하였습니다. 그리고 7년 전에 아파트를 500만 달러에 매각하고 600만 달러의 상가를 구입하였습니다. 현재 이 상가의 시장 가치는 700만 달러입니다. 250만 달러로 시작해 현재 700만 달러가 되기까지의 양도소득세를 계속해서 유예를 받고 있습니다. 부동산 투자자는 납부해야 할 세금으로 재투자해 자산 증식을 할 수 있는 아주 좋은 절세 방안입니다.

Anne 씨는 300만 달러의 상가를 매각하고 100만 달러의 임대용 주택 3채를 구입하면서 1031 교환을 했습니다. 반대로 주택을 매각하고 상가나 창고를 구입할 수도 있습니다.

1031 교환은 부동산 투자자가 부를 쌓기 위한 세금 유예 전략으로 사용합니다. 하지만 꼭 지켜야 할 법칙이 있기 때문에 1031 교환 전문가의 도움을 꼭 받으시는 게 좋습니다.

세계 최대 경제 강국으로서의 가치 상승을 예상한다

미국의 부동산 가격은 코로나19 전까지는 매년 평균 5% 상승하는 것으로 투자 시에 계산해왔습니다. 미국 경제는 달러의 힘을 가지고 있습니다. 미국은 세계적으로도 최대 강국이기 때문에 앞으로의 미국 경제는 계속 좋아질 거라고 전망하고 있습니다. 그러한 이유로 부동산 시장도 꾸준한 오름세를 유지할 것으로 보입니다. 그리고 2028년 올림픽 경기가 로스앤젤레스에서 개최될 예정이며, 많은 경제 전문가들은 미래의 성장 가능성이 크다고 예측하고 있습니다.

안정적이고 높은 임대 수익을 창출한다

미국의 주택 소유율은 약 65%이며 캘리포니아는 56%입니다. 즉 44%는 임차인이라는 이야기입니다. 주택 가격 상승과 함께 임대료도 많이 상승했습니다. 작년 대비 13.4%가 상승했다고 합니다. 미국은 한국과 비교해 주택 임대 시장이 매우 발달해 있습니다. 캘리포니아 주택 임대 수익률은 5%~10% 정도입니다. 한국과 비교하면 수익률이 더 높은 것으로 계산됩니다. 일반적으로 수익률을 계산할 때 한국에서는 전체적인 수익률을 계산하고, 미국에서는 비용을 제하고 난 후의 순수익을 계산합니다. 미국 부동산에 투자하는 사람은 달러에 투자하는 셈이기도 하여 최근 환율 상승으로 재미를 본 경우가 많을 것입니다.

자녀 교육과 미국 정착의 든든한 기틀이 된다

자녀가 미국에서 유학하거나 미국으로 이주하는 경우에 주택 구매를 통하여 자녀가 정서적으로 안정을 취할 수 있습니다. 만약 투자 임대 주택을 구매하게 되면, 매달 임대료를 받아 자녀의 학비로 사용할수 있습니다. 이렇게 하면 환율의 변화에도 안정적으로 대처할 수 있어 일석이조입니다. 급하게 목돈이 필요한 경우에는 주택 담보 대출을 활용해 대처할 수 있습니다. 미래에는 자녀에게 증여, 상속해서 자산을 안전하게 지킬 수 있습니다.

6장

미국 부동산
이렇게 해야
손해 보지 않는다

01

미국 부동산 투자로
세금 혜택을 가져라

미국 부동산에는 취득세가 없다

미국 부동산에 투자를 하기로 결심했다면 미국의 세법에 대해서 궁금하실 겁니다. 저는 세법만 놓고 본다면 미국은 정말 부동산 투자를 장려하는 나라라는 생각이 많이 들곤 합니다. 그만큼 세금 우대도 많고 혜택도 많고 공제도 많기 때문입니다.

일단 주택을 구입하게 되면 많은 세금 혜택이 주어집니다. 물론 임대 부동산에 투자할 경우에도 세금을 절세할 수 있습니다. 신기하지 않나요? 이렇게 부동산 구입과 투자를 적극 권유하는 나라가 지구상에 또 있을까요?

세금 혜택이 많은 만큼 미국의 세금 정책에 대해 자세히 알고 있어야 그 특혜를 누릴 수 있습니다. 미국에서 부동산을 구입할 때는 어떤 세금을 낼까요? 또 부동산을 보유하고 있을 때는 무슨 세금을 내게 될까요? 보유하고 있던 부동산을 판매할 때는 세금을 얼마큼 내야 하는지 궁금한 궁금한 것들이 많을 것입니다. 지금부터 차근차근 하나씩 알아보도록 하겠습니다.

우선 부동산을 구입할 때 내야 하는 세금이 있습니다. 미국에서 주거용 부동산 또는 상업용 부동산을 구입할 경우, 거주자, 비거주자, 내국인, 외국인 상관없이 어떠한 세금도 내지 않습니다. 어? 이게 무슨 소리냐고요? 방금 내야 할 세금이 있다고 했는데 없다고 했으니 놀라셨나요? 네, 맞습니다. 미국은 부동산을 구입할 때 내야 하는 취득세가 없습니다. 한국은 취득세가 있죠. 1주택일 경우에는 1~3%의 취득세를 내야만 합니다. 이웃 나라 캐나다의 부동산을 외국인이 취득할 때 취득세를 무려 20%를 내야 한다고 합니다. 그에 반하여 미국은 취득세가 아예 없습니다. 등록세 100달러 정도만 내면 부동산 취득이 완료됩니다.

▶ 한국의 취득세와 미국의 취득세 비교

한국

(2023년 1월 기준)

구분	1주택	2주택	3주택	4주택이상·법인
조정대상지역	1~3%	8%	12%	12%
비조정대상지역	1~3%	1~3%	8%	12%

미국

없음(등록세 100달러)

한국은 다주택이 될수록 취득세의 비율도 같이 올라갑니다. 2주택인 경우는 8%, 3주택 이상이면 12%의 취득세가 붙죠. 미국은 1주택이든 2주택이든 100주택이든 취득세는 없습니다. 다만 구입 후에 재산세를 내야 하는데 이것을 '추가 재산세(Supplemental Tax)'라고 부릅니다.

추가 재산세를 납부하는 이유는 에스크로 클로징을 할 때 구매자가 판매자의 재산세를 기준으로 정산을 하였으므로 판매자와 구매자의 재산세 차액을 납부해야 하는 것입니다.

최근 부동산 가격이 대체로 상승곡선을 그리고 있기 때문에 부가세 개념인 추가 재산세가 발생하고 있죠. 반대로 구매한 주택을 낮은 가격으로 구매했다면 추가로 내야 하는 재산세가 없으며 오히려 환급받을 수도 있습니다. 예를 들어 판매자의 재산세가 7천 달러인데 구매자가 납부해야 할 재산세가 1만 달러라면 추가 재산세로 3천 달러를 추후 납부합니다.

추가 재산세 고지서는 에스크로가 끝나고 빠르면 2~3개월 안에 받을 때도 있고 늦으면 6개월 정도 소요됩니다. 특히 새집을 분양받을 경우에는 각 분양자들이 추가 재산세 고지서를 받는 데 1년이 걸리는 경우도 있습니다.

세금 우대를 활용하라!

미국은 부동산 관련해서 세금 우대가 많습니다. 세금 우대에는 세금 공제, 세금 면제, 세금 유예까지 다양한 프로그램이 운영되고 있죠. 각자의 상황에 맞게 세금만 잘 활용해도 미국 부동산 투자는 시도해볼 만한 가치가 충분합니다. 그럼 어떤 혜택들이 있는지 알아볼까요?

1. 주택 소유주의 경우

주택 소유주는 세금 공제를 받을 수 있는 혜택이 주어집니다. 세금 공제는 모기지 이자와 재산세를 개인의 소득 세금 신고 시에 공제해주는 형태입니다. 소득 공제가 낮은 싱글의 경우, 주택 구입을 통해 절세를 노릴 수 있습니다. 연봉이 10만 달러가 넘어가는 싱글이라면 무조건 주택 구입을 추천합니다. 세금 공제를 받을 수 있기 때문이죠.

주택 소유주이면서 자가 주택인 경우도 매매 시에 세금 면제를 받을 수 있습니다. 싱글이라면 양도소득액 25만 달러까지, 부부의 경우는 50만 달러까지 면제 혜택을 누릴 수가 있죠.

2. 임대 부동산 투자자의 경우

임대 부동산 투자자를 위한 세금 혜택으로 양도소득세를 유예해주는 제도가 있습니다. 일명 '1031 교환제도'라고 하죠.

예를 들어 제니퍼가 임대 주택을 80만 달러에 구입했다고 가정해봅시다. 5년 후에 140만 달러에 판매를 하게 됐죠. 그녀는 60만 달러의 양도 차액이 발생했습니다. 이때 많은 세금을 지금 내는 것보다 1031 교환 제도를 활용해 다른 부동산을 구입하기로 했습니다. 작은 상가를 150만 달러에 구입한 결과, 그녀는 양도소득세를 내지 않고 재투자를 하게 됐습니다.

'1031 교환 제도'는 일종의 세금 교환제도입니다. 양도차익으로 발생한 세금으로 다른 부동산에 재투자하는 것을 가능케 하는 제도죠. 임대 부동산 투자자들은 이 제도를 활용해 재산 증식을 성공적으로 이뤄내고 있습니다. 대신 이 제도를 이용하려면 동일하거나 더 큰 가치가 있는 투자용 부동산을 매도 후 6개월 이내에 구입해야만 합니다. 일정한 요건을 충족하는 경우, 발생한 양도차익에 대한 세금은 다른 부동산 구매를 하지 않을 때까지 유예됩니다.

3. 재산세 감면 혜택

캘리포니아 헌법은 적격 소유자가 거주하는 주택에 대해 과세 가치를 7천 달러 감면하는 혜택을 실행하고 있습니다. 주택은 유치권 날짜인 1월 1일 기준으로 소유자의 주요 거주지여야 합니다. 면제를 청구하려면 주택 소유자는 해당 부동산이 위치한 카운티 평가관에게 내용을 정리해 1회 제출해야 합니다.

4. 경제적 낙후 지역 투자시 세금 혜택

2017년 미국의 감세 및 고용법은 경제적으로 어려움을 겪는 취약 지역의 경제 발전을 위해 '적격 기회 특구(Qualified Opportunity Zone)' 프로그램을 마련했습니다. 이 프로그램의 투자자는 자본 이득에 대한 세금을 감면받을 수 있는 기회가 주어집니다. 세금 절감은 투자자가 명시된 기간 동안 적격 부동산 투자 및 기회 펀드에 대한 투자를 유지하는 경우에만 가능합니다.

5. 시니어 우대 제도

미국은 시니어를 우대하는 정책이 많습니다. 다만 몰라서 다 누리지 못하는 거죠. 그런데 시니어로 간주하는 나이가 각각 다르게 적용되는 경우가 있습니다. 55세를 시니어로 보고 할인해주는 곳도 있고 62세 또는 65세를 시니어로 간주하는 곳도 있습니다.

부동산에서는 55세부터를 시니어로 간주합니다. 55세가 되면 그 기준에 따라 시니어 임대 아파트, 시니어 타운하우스, 시니어 모빌홈 등에 거주할 수 있는 자격이 주어집니다.

부동산 시니어 우대 제도로 가장 큰 것은 뭐니 뭐니 해도 재산세 혜택입니다. 'Proposition 19' 법안은 55세 이후에 그동안 거주하던 주택을 매매하고 다른 집으로 이사를 가더라도 기존에 내던 낮은 재산세를 그대로 적용해서 낼 수 있도록 해주는 세금 우대 법안입니다. 이 법안은 시니어뿐만 아니라 장애인, 자연재해를 입은 피해자에게도 적용됩니다.

지금까지 미국 부동산 정책의 세금 우대에 관련해 알아보았는데 많은 참고가 되셨나요? 각자의 상황에 맞게 세금을 알아보고 절세하거나 감면받는 것은 똑똑한 투자의 자세입니다. 좀 더 맞춤형 세금 우대를 알고 싶으신 분들은 꼭 회계사와 변호사에게 상담해 보시길 추천합니다. 전문가의 견해로 더 상세한 안내를 받으실 수 있을 테니까요.

미국 부동산 세금 더 깊이 알아보기

부동산을 보유할 때 내는 세금은?

1. 재산세

부동산을 보유하고 있는 동안에는 재산세를 납부합니다. 미국 부동산에서 재산세의 기준은 취득 가격입니다. 같은 지역의 바로 옆집이라고 하더라도 각각 구매한 시기에 따라 납부하는 재산세도 다릅니다.

재산세의 회계연도는 매년 7월 1일부터 다음 해 6월 30일까지입니다. 재산세는 1년에 2회 나누어 납부합니다. 첫 번째 재산세 납부는 7월부터 12월까지의 세금을 12월 10일까지 납부해야 합니다. 두 번째 재산세 납부는 1월부터 6월까지의 세금을 4월 10일까지 납부해야 합니다. 만약 납부 기한 내에 납부하지 않게 되면 10%의 연체료를 내야 합니다.

재산세를 납부하는 방법은 수표(check)로, 온라인으로도 납부할 수 있습니다. 특히 한국에 거주하는 투자자의 경우에는 온라인으로 하는 방법을 이용하면 편리합니다.

2. 멜로루즈 텍스

재산세와 별도로 특별 개발세를 납부해야 하는 경우도 있습니다. 멜로루즈 텍스(Mello-Roos Tax)는 새로 개발되는 지역에 부과되는 경우가 많습니다. 개발된 지역의 주택 소유주는 주택가격의 약 0.3~0.8%를 기본 재산세와 별도로 추가로 부담해야 합니다. 대표적인 도시로 오렌지카운티의 얼바인이 있습니다.

3. 재산세 세금 혜택

재산세로 납부한 금액은 매년 최대 1만 달러까지 세금 혜택을 받을 수 있습니다. 세금 공제는 집 소유주들에게 주어지는 가장 큰 세금 혜택입니다. 자가주택(Primary Residence)의 경우에 주택 구입에 따른 모기지 이자를 납부한 것과 재산세 납부한 내역을 공제받을 수 있습니다.

4. 세금 납부 방법

가장 많이 사용하는 방법은 우편으로 수표를 동봉해 보내는 방법입니다. 두 번째로는 해당 카운티 웹사이트에 들어가서 신용카드 납부 또는 은행 계좌로 이체할 수 있습니다. 세 번째로는 대출을 실행할 때 모기지 원금 이자를 내면서 재산세도 함께 납부하는 방법입니다. 일명 임파운트 어카운트(Impound Account)라고도 합니다.

부동산을 매매할 때 내는 세금은?

1. 양도소득세

부동산을 매매할 때 양도소득이 발생하면 양도소득세를 납부합니다. 양도소득세는 면제 받을 수도 있고 유예 받을 수도 있습니다. 양도소득세를 면제 받으려면 집이 자가 주택이어야 하고, 최근 5년 이내에 2년 이상을 거주해야 합니다. 싱글인 경우, 양도소득액 25만 달러를 면제받을 수 있고, 부부라면 50만 달러까지 면제를 받을 수 있습니다.

2. 원천징수세

자가 소유의 주택을 매각할 경우에는 원천징수세가 없습니다. 투자 임대 부동산인 경우는 판매금액의 3.33%를 원천징수합니다. 판매자가 외국인일 경우에는 판매금액의 10%에 해당하는 금액을, 주택거래금액이 100만 달러 이상이라면 15%의 원천징수를 부과합니다. 원천징수세는 정산 후, 다음 해에 돌려받을 수 있습니다. 외국인에게 세금을 부과하기 위해 외국인 투자세법(FIRPTA)이 제정되었습니다. 구매자는 외국인 판매자에게 부동산 지분 매각에 대해 실현된 금액의 일정 비율을 원천징수해야 합니다. 세금 원천징수는 미국 부동산 지분을 판매하는 외국인으로부터 예상되는 세금의 선납으로 간주됩니다.

누구 명의로 해야
손해를 보지 않을까?

소유권은 누구에게로?

열심히 일해서 번 돈으로 부동산을 구매하게 되면 세상을 다 얻은 것 같은 느낌이 듭니다. 고군분투하며 일했던 과거가 파노라마처럼 머릿속을 스쳐 지나가죠. 그런데 부동산을 구매하는 것도 중요하지만 이보다 더 중요한 것은 '잘 지키는' 일입니다. 여기서 바로 '소유'의 개념이 등장합니다.

부동산은 소유권의 형태에 따라 재산과 거래 당사자의 미래 권리 등이 결정됩니다. 아무리 좋은 집에 살고 있어도 그 집이 내 집이 아니라면 소용이 없겠죠. 내 집을 내가 소유하는 만큼 그에 따른 권리와 책임도 수반됩니다. 부동산을 소유하면서 생기는 부동산세, 소득세, 상속 및 증여세, 소유권 이전 가능성 및 채권자의 청구 등에 관한 것들이 포함되기 시작합니다.

부동산 소유권은 상당히 민감한 문제가 될 수도 있습니다. 누군가가 갑자기 사망하면 그가 소유했던 부동산이 누구에게 상속을 하느냐?는 드라마 단골 소재만은 아니겠죠. 소유권 문제가 깔끔하게 해결되지 않으면 각종 분쟁과 갈등이 야기됩니다. 그만큼 큰돈이 걸린 부동산의 가치가 욕심나기 때문입니다.

소유권 보유의 일반적인 형태는 혼자서만 가지는 단독 소유권, 두 사람 이상이 공동으로 가지는 공동 소유권, 회사가 소유하는 형태가 있습니다. 또 상속 계획을 할 수 있는 소유권 형태가 있고 상속계획을 따로 하지 않아도 되는 소유권이 있죠. 여기서는 상속 계획이 가능한 것과 가능하지 않은 것을 따로 분류해 설명해드리도록 하겠습니다.

소유 형태에 따라 상속과 세금의 차이가 달라진다

1. 상속 계획이 가능한 소유권

상속 계획이 가능한 소유권에는 단독 소유권, 부부 공동 소유권, 공동 소유권이 있습니다.

1) 단독 소유권(Sole Property)

미혼 남성이나 여성, 이혼 남성이나 여성, 또는 사별했거나 법적으로 결혼하지 않았거나 동거 관계에 있지 않은 남성 또는 여성이 선택하는 소유권 형태입니다. 기혼 남성, 기혼 여성이지만 단독의 소유권을 갖는 경우는 배우자가 소유권 포기(쿽클레임)를 한 경우입니다. 즉, 권리포기 공증 사인을 한 경우입니다.

동거인이 단독 또는 별도 재산으로 자신만의 명의로 소유권을 취득하는 경우도 있습니다. 최근 다양한 가족 형태가 늘어나면서 이런 사례의 단독 소유권을 가진 사람들이 많이 늘어나고 있습니다. 단독소유권은 리빙트러스트(Living Trust)를 따로 작성하여 상속 계획을 할 수 있습니다.

2) 공동 소유권(Community Property)

두 사람 이상이 소유권을 가지게 되는 공유자산 형태입니다. 상속 계획을 할 수 있는 소유권은 부부 공유자산(Community Property)과 공동명의(Tenancy in Common)가 있습니다. 부부 공동명의로 하는 경우에 좀 더 나은 혜택을 가질 수 있습니다.

① 부부 공유자산(Community Property)

부부 공유자산은 두 사람이 소유권을 가지며 남편과 부인 또는 동거인의 경우에만 가능한 소유권 형태입니다. 재산의 권리는 각각 50%로 동등하게 부여됩니다. 각 소유자는 50%에 해당하는 재산을 유언으로 상속 계획을 세울 수 있습니다.

부동산을 한쪽이 제3자에게 양도를 할 경우에는 상대방 배우자의 서면동의가 필요합니다. 사망 시 외에는 배우자의 동의 없이 별도로 부동산의 권리를 타인에게 양도할 수 없습니다.

한쪽 배우자가 사망할 경우에는 그가 소유한 50%의 권리가 상속 계획에 따라 상속인에게로 가고 나머지 50%는 그대로 남아있는 배우자의 권리로 유지됩니다.

상속 계획을 할 때, 아내가 그녀의 지분 50%를 아들 둘에게 상속하고 싶다면 각각 반씩 지정해줄 수가 있습니다. 남편은 연로하신 부모에게 상속을 하고 싶어서 상속 계획을 부모님에게 1순위로 했는데 그 부모가 먼저 돌아가시면 법원으로 넘어가서 법원 상속 세일(Probate sale)이 될 수 있으므로 상속 계획을 할 때 만약을 대비하여 상세하게 하는 것이 좋습니다.

그런데 만약 상속 계획을 미리 해두지 않았다면 어떻게 될까요? 그때는 법원으로 들어가서 '유산 상속 세일'을 거쳐 상속자들은 법에서 정하는 방침대로 재산을 분배받게 되는데 적어도 6개월에서 1년 정도가 소요됩니다.

부부 공유자산은 배우자의 부채가 있는 경우에 대해서도 책임이 있습니다. 때로는 전체의 재산이 채권자로부터 채무 집행으로 매각될 수도 있습니다. 이러한 점이 불안한 요소로 작용할 수 있기 때문에 부부 중 어느 한쪽이 사업을 하는 경우, 혹시라도 발생할 수 있는 미래의 불안 요소를 해소하기 위해 단독소유권으로 가져가기도 합니다. 또한 이 부부 공유자산 형태는 재혼 부부가 많이 선택하기도 합니다.

② 공동명의(Tenancy in Common)

2명 이상이라면 그 누구라도 상관없이 함께 공동으로 부동산을 소유할 수 있는 형태입니다. 오랜 친구가 될 수도 있고 회사 동료와도 가능하며 부모 자식 간에도, 형제 자매 간에도, 부부 인 경우에도 가능한 소유권 형태입니다.

공동명의를 한 사람들은 부동산의 공동 소유주로서 각각의 다른 지분을 소유하고 각각의 지분만큼의 권리를 가지게 됩니다. 예를 들어 소유자 A는 부동산의 20%를 소유하고, B는 30%, C는 50%를 소유할 수 있습니다. A가 가지고 있는 지분을 M이라는 제3자에게 판매, 양도할 수도 있죠. 그때는 소유권 변경 신청을 하면 됩니다. 따라서 공동명의는 부동산을 소유한 시기가 각각 다를 수도 있습니다.

그런데 한 가지 중요한 점이 있습니다. 공동명의의 지분을 판매하거나 양도할 때는 소유자 모두의 동의를 얻어야 합니다. 이 부분이 아주 중요한 포인트입니다.

각 소유자는 유언장을 통해 자신의 지분을 상속인에게 양도할 수 있습니다. 공동 소유자가 만약 유언 없이 사망했을 때는 주법에 따라 상속인에게 자동으로 이전됩니다.

공동 소유자는 재산 비용에 대한 책임을 서로 분담해야 합니다. 이 책임은 소유권 지분에 따라 분배가 되는데 한 소유자가 50%를 소유하고 있다면 비용도 50%를 부담하는 형식입니다.

2. 상속 계획이 필요하지 않은 소유권

1) 공동명의(Joint Tenancy)

두 사람 이상이라면 누구든 함께 공동명의로 부동산을 소유할 수 있습니다. 부모가 자녀와 함께 공동명의로 하는 경우에 가장 많이 선택하는 소유권 형태입니다. 부부가 함께할 수도 있고 친구나 친척 등 누구든 공동명의를 할 수 있습니다. 2명이 공동명의를 했다면 권리와 의무도 반반 책정됩니다. 3명이 공동명의를 했다면 3분의 1씩 권리와 의무를 가지게 됩니다.

이 소유권 형태의 가장 특징적인 특징은 바로 '생존권'입니다. 공동소유자 중의 어느 한 사람이 사망하는 경우, 살아있는 소유자에게로 모든 권리가 자동으로 이전됩니다. 그렇기 때문에 따로 상속 계획을 할 필요가 없습니다.

이 형태의 공동명의가 성립되려면 다음과 같은 4가지 요건을 충족해야 합니다.

① **Time**(시간의 통일성) : 모든 공동 소유자는 동시에 부동산을 취득해야 한다.
② **Title**(소유권의 통일성) : 모든 소유인이 동일한 문서로 소유권을 취득한다.
③ **Equal interest**(지분의 통일성) : 모든 소유자는 동일하게 지분을 소

유한다.

④ **Equal rights**(권리의 단일성) : 모두가 소유에 대한 동등한 권리를 행사한다.

이러한 조건 중 하나라도 충족되지 않으면, 상속 계획이 있는 공동명의(Tenancy in Common)의 형태로 간주를 합니다.

2) 생존권이 있는 부부 공동명의(Community Property with Right of Survivorship)

배우자 또는 동거인이 함께 소유한 재산에 대한 소유권 형태입니다. 공동 자산에 대한 재산 소유권은 평생 평등하게 공유됩니다. 그러다 배우자나 동거인이 사망하게 될 경우, 남아있는 배우자나 동거인은 지분에 대한 전체 소유권을 지니게 됩니다. 이 경우는 유언 검인을 거치지 않으며 상속인에게 유언할 수 없습니다. 재정적 의무는 한 사람에게만 부담되는 것이 아니라 모든 소유자의 책임입니다. 소유권의 형태에 따라서 실질적으로 양도소득세의 차이로 생돈을 내야 할 수도 있기에 매우 중요한 부분입니다.

- **생존권이 있는 부부 공동명의**(Community Property with Right of Survivorship)**와 부부 공유자산**(Community Property) **비교**

  공통점 : 부부나 동거인만 선택할 수 있는 소유권. 배우자가 동등하게 지분을 가집니다.

  다른 점 : 부부 공유자산은 상속을 할 수 있고, 생존권이 있는 공

동자산은 상속이 필요 없습니다.

- **생존권이 있는 부부 공동명의**(Community Property with Right of Survivorship)**와 공동명의**(Joint Tenancy) **비교**

생존권(Right of Survivorship)을 가지고 있는 공통점이 있습니다.

가장 크게 다른 점이 무엇일까요? 생존권이 있는 부부 공동명의는 세금혜택이 있습니다. 부동산 매매 시에 양도소득세의 차이가 있습니다. 예를 들어보겠습니다.

1998년 구매 가격 : 10만 달러

사망 시 시장 가격 : 80만 달러

2023년 판매 가격 : 100만 달러

양도 소득세 면제 금액 : 25만 달러

1) 공동명의 소유권 형태

양도소득세를 계산할 때 구매한 시점을 기준으로 합니다.

판매 금액 100만 달러-구매금액 10만 달러=양도 수익 금액 90만 달러

90만 달러 - 면세금액 25만 달러 = 과세 금액 65만 달러

과세율 20%라면 13만 달러의 양도소득세를 납부해야 합니다.

2) 생존권이 있는 부부 공동명의 소유권 형태

양도소득세의 계산은 사망 시점을 기준으로 합니다.

1998년 구매 가격 : 10만 달러

사망 시 시장 가격 : 80만 달러

2023년 판매 가격: 100만 달러

양도소득세 면제 금액 : 25만 달러

따라서 판매금액 100만 달러 - 80만 달러 = 20만 달러 양도소득금액

20만 달러 - 25만 달러 면세금액 =-5만 달러

이때 납부할 세금은 0원이 됩니다.

공동명의와 비교하면 양도소득세의 차이가 13만 달러가 생기는 것을 확인할 수 있습니다. 즉, 부부 공동명의의 경우 세금 혜택이 훨씬 더 큽니다.

부부 공유자산은 기본적으로 '더블 스텝업'을 받습니다. 한 배우자가 사망하면 두 배우자의 절반 지분의 기초가 구매 시점이 아닌 사망 당시의 재산 가치로 산정이 됩니다.

소유권을 회사로 할 경우는 어떻게 할까?

부동산 투자는 크게 개인 투자가 있고 법인 투자가 있습니다. 투자 부동산의 경우에 개인의 소유권으로도 하지만, 많은 투자자들이 선택하는 유한회사 그리고 법인 회사 등으로 관리에 적합한 소유권 형태를 선택하게 됩니다. 소유권을 법인(회사)로 할 경우는 어떻게 진행하는지 살펴보겠습니다.

1. 법인 소유권(Corporation ownership)

부동산 소유권은 법인으로 할 수 있으며, 법인은 주주가 소유하지만 법에 따라 주주와 별개의 존재로 간주되는 회사입니다.

2. 파트너십 소유자(Partnership owners)

파트너십은 두 명 이상의 사람들이 공동 소유주로서 이익을 위해 사업을 수행합니다. 일부 파트너십은 부동산 소유라는 명시적인 목적을 위해 형성됩니다. 이러한 파트너십은 또한 투자자가 관리 또는 거래 결정에 관한 관리 결정을 내리지 않음으로써 유한 책임을 지는 유한 파트너십으로 구성될 수 있습니다. 이러한 경우 일반적으로 한 명의 무한책임사원이 유한책임사원을 대신하여 모든 비즈니스 결정을 내릴 책임이 있습니다.

1) 유한 책임 파트너십(LP)

두 명 이상의 파트너로 구성된 파트너십입니다. 일반 파트너는 사업을 감독하고 운영하지만 유한 파트너는 사업 관리에 참여하지 않습니다. 다만, 합자회사의 업무집행사원은 채무에 대하여 무한책임을 지며, 유한책임사원은 출자금액 한도에서 유한책임을 집니다.

합자회사(LP)는 둘 이상의 파트너가 함께 사업을 할 때 존재하지만, 합자회사는 투자한 금액까지만 책임을 집니다.

LP는 유한책임사원과 무한책임을 지는 무한책임사원으로 정의됩니다.

LP는 보고 요구 사항을 거의 또는 전혀 제공하지 않는 통과 엔터티입니다.

파트너십에는 유한 파트너십, 일반 파트너십 및 유한 책임 파트너십의 세 가지 유형이 있습니다.

2) 유한 책임 회사(LLC)

투자된 금액을 초과하지 않는 조직의 법적 구조 유형입니다. 즉, 회사가 실패하더라도 투자자와 소유자의 개인 자산은 위험에 처하지 않습니다. 유한 책임 기능은 상장 회사에 투자하는 가장 큰 이점 중 하나입니다. 주주는 회사의 성장에 전적으로 참여할 수 있지만, 나중에 파산하여 부채가 남아 있더라도 책임은 회사에 대한 투자 금액으로 제한됩니다. 유한 책임은 투자된 자산에 대한 경제적 손실의 범위를 제한하고 투자자 및 소유자의 개인 자산을 제한하지 않는 조직의 법적 구조입니다.

LLC는 일반적으로 장기 및 단기 투자자 모두에게 적합합니다. 재산 소유의 책임으로부터 개인 자산을 보호하고 부동산 소득을 별도로 유지하기 때문에 일반적으로 모든 부동산 투자자에게 권장됩니다.

부동산 지주 회사는 이런 경우에 적합한 옵션입니다.

• 집수리, 리모델링을 한 후 되팔기를 하는 투자

• 매수 후 보유 투자자

• 주거용 또는 상업용 부동산 투자자

① 개인 책임 제한

소유한 자산에 대해 소송이 제기될 경우 직면하게 될 개인적인 취약성에 대한 제한입니다. 예를 들어 누군가가 소유한 부동산에서 상해를 입었다면, LLC의 자산만이 금전적 손해배상금을 지급할 의무가 있다는 것입니다.

② 대출 조건

상업용 부동산 대출 기관은 일반적으로 등록된 회사에 더 나은 대출 조건과 이자율을 제공합니다. 회원이 한 명뿐인 LLC의 경우에도 LLC가 없는 개인으로 단순히 차용하는 것보다 더 나은 대출 제안을 받을 수 있습니다. 주의할 점은 주거용 부동산은 LLC로 대출을 받을 수 없다는 점입니다.

③ 세금 혜택

자산에 대한 이중과세를 피하는 좋은 방법이며 임대사업을 하고 있다면 세금신고를 해야 합니다. 이를 통해 LLC의 보유 자산을 개인 보유 자산과 분리하고 적절하게 세금을 신고할 수 있습니다. LLC로 소유한 부동산 보유액은 개인 세금으로 이월되지 않으며 이를 통해 비즈니스와 개인 재정을 분리할 수 있습니다

부록

미국 부동산
용어 정리

Acceleration clause : 가속 조항은 특정 조건에서 차용인이 즉시 대출금을 상환하도록 요구하는 대출 계약의 용어. 일반적으로 차용인이 대출 계약을 중대하게 위반할 때 발동됩니다.

예를 들어, 모기지에는 일반적으로 차용인이 여러 번 연체를 한 경우 실행된다. 이 조항은 상업용 모기지와 주거용 모기지에 가장 자주 나타납니다. 또한 이 조항은 차용인이 대출 만기일 이전에 대출금을 전액 상환할 수 있다고 명시할 수도 있습니다.

Application : 차용인의 소득, 저축, 자산, 부채 등에 대한 정보가 포함된 모기지 융자를 신청하는 데 사용되는 양식입니다.

Appraisal : 근처에 있는 유사한 주택의 비교 가능한 매매에 대한 분석을 기반으로 한 부동산에 대해 지불된 가격에 대한 것을 감정하는 것입니다.

Appraisal price : 감정인의 지식, 경험 및 부동산 분석을 기반으로 한 부동산의 공정 시장 가치에 대한 의견입니다. 평가는 주로 비교 가능한 판매를 기반으로 하고 가장 최근 판매는 해당 부동산에 대한 것이므로 평가는 일반적으로 구매 가격으로 나옵니다.

Appraiser : 부동산 및 동산의 가치를 평가할 수 있는 교육, 훈련 및 경험을 갖춘 자. 일부 감정인은 모기지 대출 기관을 위해 직접 일하지만, 대부분은 독립적입니다.

Appreciation : 시장 상황, 인플레이션 또는 기타 원인의 변화로 인한 자산 가치의 상승.

Asking Price : 판매자가 부동산을 판매하고자 제안하는 가격.

As is : 부동산이 현재 상태로 구매되고 있음을 나타내는 계약서상의 문구이며 해당 재산에 대한 보장은 하지 않는다는 것입니다.

Assessment : 과세 목적으로 재산에 가치를 부여하는 것.

Assessor : 과세 목적으로 재산의 가치를 설정하는 공무원.

Asset : 개인이 소유한 가치 있는 항목으로 현금으로 빠르게 전환할 수 있는 자산은 "유동 자산"으로 간주됩니다. 여기에는 은행 계좌, 주식, 채권, 뮤추얼 펀드 등이 포함됩니다. 기타 자산에는 부동산, 개인 자산 및 타인이 개인이 가진 채무가 포함됩니다.

Assignment : 모기지 소유권이 한 회사 또는 개인에서 다른 회사 또는 개인으로 이전되는 것을 양도라고 합니다.

Backup Offer : 두 번째 오퍼. 다른 오퍼가 이미 제출되고 수락되었다는 사실을 알고 제출된 부동산 구매 제안으로 만약에 첫 번째 수락된 오퍼가 실패 가능성을 가지고 있을 때, 판매자는 종종 백업 오퍼를 받아 두게 됩니다.

Bleach of contract : 계약 위반은 구속력 있는 계약의 일방 당사자가 계약 조건에 따라 제공하지 않을 때, 서면 계약과 구두 계약 모두에서 발생할 수 있습니다. 계약 위반에 관련된 당사자들끼리 또는 법원에서 문제를 해결할 수 있습니다. 계약 위반에는 경미하거나 중대한 위반과 실제 또는 예상 위반을 포함하여 다양한 유형이 있습니다.

Bridge loan : 일반적인 주택 담보 대출로 사용하기보다는 부동산 플리핑(사서 되팔기)에서 이용하는 대출 방법 중의 하나로 높은 대출이자를 요구하며 짧은 기간 동안 사용하기 위한 대출이다.

Building permit : 새 건물 또는 기타 리모델링을 하는 공사를 할 때, 기존 구조물을 철거 또는 수리할 때 허가를 받아야 합니다. 건축 허가는 일반적으로 작업을 시작하기 전에 받아야 합니다.

Buydown : 주택 구매자는 모기지론을 이용할 때 더 낮은 이자율을 얻을 수 있으며, 대출기간 동안에 이자비용을 절약 할 수 있습니다. 일반적으로 1~3년간 초기 할인 이자율을 적용 받습니다. 구매자는 이자율 할인을 받기 위하여 대출 시에 대출 기관에 할인 포인트만큼의 일시금을 지불 합니다.

Cap Rate : 자본화율은 투자 임대 부동산 자산의 수익률을 추정하고 비교하는 데 사용되는 측정값. 이것은 자산의 순영업소득(NOI)을 자산 가치에서 나누어 계산합니다.

CC&Rs(Covenants, Conditions & Restrictions) : 규약, 조건 및 제한 사항(CC&R)은 집에서 할 수 있는 것과 할 수 없는 것을 설명합니다. 소유자

가 키울 수 있는 동물의 수와 종류, 소유물 변경, 주차할 수 있는 차량 수 등을 제한합니다. 제한의 목적은 재산 가치를 유지하는 것뿐만 아니라 이웃 간 지켜야 할 의무와 소유자의 권리를 부여하는 효과도 있습니다.

Closing Costs : 부동산을 매매할 때 판매자는 판매자의 클로징 비용, 구매자는 구매자의 클로징 비용이 필요합니다. 클로징 비용에는 모기지 비용을 비롯한 재산세, 보험료, 에스크로 비용, 등기비용, 공증 비용 등이 포함됩니다.

Closing Statement : 모든 거래가 완료된 후에 이 서류를 받게 되며, 이는 추후에 세금 보고 시에 필요로 합니다.

Co-Borrower : 부동산에 대한 소유권을 가지며, 대출의 상환에 대한 의무를 집니다.

Community Property : 남편과 아내가 공동으로 소유한 재산. 캘리포니아에서는 서면 계약서에 달리 명시되지 않는 한 부부가 취득한 모든 재산은 공동 재산으로 간주됩니다. 공동 재산에는 모든 근로 소득과 공동 재산 자금으로 구입한 자산이 포함됩니다.

Common Areas : 계획된 단위 개발(PUD) 또는 콘도미니엄 커뮤니티의 주택 소유자 협회(HOA)가 있으며, 공용 구역에는 로비, 인도, 엘리베이터, 계단과 같은 재산의 기능적 구역과 주차장, 수영장, 세탁 시설과 같은 편의 시설이 모두 포함될 수 있으며, 주거용 건물이나 개발 건물에 있는 사람들이 공간을 자유롭게 사용할 수 있다면 공용 공간이라고 할 수 있습니다.

Condominium : 콘도미니엄("콘도"라고도 함)은 대규모 부동산 단지이며 각 유닛은 개별적으로 소유됩니다. 일반적으로 조경 관리 또는 부대시설 등을 관리합니다. 운영을 감독하는 주택소유자협회의 이사회로 구성됩니다. 콘도 소유자는 콘도 내부의 공간을 소유하고, 외부 영역과 같은 커뮤니티 자산에 대한 소유권 지분을 공유합니다.

Contingency : 부동산 거래에서 매우 중요한 역할을 하는 것으로 매매 계약의 조건입니다. 계약의 조건에 구매자가 만족하지 않은 경우에는 금전적인 손해 없이 또는 최소화하여 계약을 취소할 수가 있습니다.

Conforming Loan : 적격 대출은 Fannie Mae 및 Freddie Mac 가이드를 충족해야 하는 모기지입니다. 적격 대출 기관은 차용인에게 대출한 후에 Deed를 Fannie Mae 및 Freddie Mac과 같은 투자자에게 판매합니다. 이는 이자율이 가장 낮은 대출의 형태이지만, 대출금액의 제한이 있습니다.

Conventional Loan : 일반 대출이라고 한다. 대체로 일반 대출을 받기 위해서는 최소 680점 이상의 신용점수를 필요로 하고, 740점 이상이 되면 가장 좋은 이자를 받을 수 있습니다.

Counter Offer : 구매자의 오퍼에 대하여 판매자가 다른 제안이나 요구 조건이 있다면 판매자가 원하는 조건의 카운터 오퍼를 하게 된다. 판매자의 카운터 오퍼에 대하여 구매자가 다시 제안하고자 하는 구매자가 카운터 오퍼를 하기도 합니다.

Credit Report : 신용 조사 기관에서 작성하고 대출 기관이 대출 신청자의 신용도를 판단하는 데 사용하는 개인의 신용 기록 보고서입니다.

Deed of Trust : 신탁 증서는 부동산을 거래를 완료할 때 주택 구매자와 대출 기관 간의 계약입니다. 주택 구매자가 대출금을 상환하고 모기지 대출 기관이 대출금이 완전히 지불될 때까지 부동산에 대한 법적 소유권을 보유할 것이라고 명시되어 있습니다. 신탁 증서는 일부 주에서 모기지 대신 사용하는 담보 부동산 거래 유형입니다.

Default : "채무불이행"은 차용인이 모기지론을 지불하지 않고 체납될 때 발생합니다. 이런 일이 발생하게 되면, 해당하는 부동산에 압류 절차에 들어갈 위험이 있습니다.

Deed In Lieu Of Foreclosure : 이 증서를 양도하면 대출 기관은 부동산에 대한 유치권을 해제합니다. 이를 통해 주택 소유자는 채무 불이행 위험이 있는 담보 대출을 충족하고 가장 중요한 압류 절차를 피할 수 있습니다.

Deposit : 미래에 더 큰 금액이 예상되기 전에 미리 주는 돈. 부동산에서 흔히 "부동산 보증금"이라고 합니다. 매매 시의 계약금을 말하는 EMD(Earnest Money Deposit)과 임대 시에 임대 보증금으로 Security Deposit 이 있습니다.

Depreciation : 감가상각은 유형 또는 물리적 자산의 감가상각 기간에 해당하는 만큼의 비용을 세금 및 회계 목적으로 장기 자산을 투자 부동산의 경우에 감가상각을 하며, 현금흐름을 높여주기도 하며 주택의 경우는 감가상각 기간을 30년으로 합니다.

Disclosure : 부동산 공개서라고 설명할 수 있습니다. 주택 판매자가 알고 있는 주택 가치에 부정적인 영향을 미칠 수 있는 모든 결함을 기본적으로 공개 합니다. 이러한 내용은 구매자가 거래를 성사시키기 전에 부동산의 장단점을 알 수 있도록 법률로 요구되는 사항입니다. 판매자는 실제로 공개하지 않으면 소송을 당할 수 있습니다.

Discount Points : 모기지 포인트는 모기지 이자율을 낮추기 위해 대출 기관에 지불하는 비용입니다. 할인 포인트를 지불하는 것을 종종 "요금 인하"라고 하며 차용인의 선택 사항입니다. 이 비용은 세금 공제가 가능합니다.

Down Payment : 주택 계약금은 부동산 구매를 하고자 할 때 구매자가 미리 준비해야 할 자본금입니다. 이 자본금은 일반적으로 구매 가격의 일정 비율을 차지하며, 주 거주지로 사용되는 부동산의 경우 최소 3%에서 최대 60%까지 개인의 상황에 따라서 매우 다양하게 다운페이먼트를 하고 구매를 합니다.

Earnest Money : 주택 구입을 하고자 할 때 기초적인 계약금으로 일반적으로 해당하는 금액(대체로 구매 금액의 3%)을 에스크로 계좌에 예치합니다.

Easement : 지역권의 제한이 있으며, 특정한 목적을 위해 다른 사람이 소유한 부동산에 접근할 수 있는 권리를 부여한다는 것입니다. 지역권은 몇 가지 다른 방식으로 부동산 소유자에게 영향을 줄 수 있습니다.

Eminent domain : 공공 사용을 위해 사유 재산을 취득할 수 있는

지방, 주 또는 연방 정부의 권리. 정부는 소유주에게 취득한 재산에 대해 시세 가격으로 보상금을 지불해야 합니다.

Encroachment : 침해는 부동산 소유자가 자신의 대지 경계선을 넘어 구조물을 짓거나 확장하여 이웃의 부동산을 침범할 때 발생합니다.

Encumbrance : 부동산의 저당권과 같은 채무. 모기지, 임대, 지역권 또는 단순 소유권에 영향을 미치거나 제한적 계약이 포함된다. 저당권은 양도성 또는 대상 자산의 사용에 영향을 미칩니다.

Escrow : 에스크로는 부동산 거래가 완료될 때까지 중립적인 제3자 역할을 하며 에스크로 서류와 구매자의 계약을 보유합니다. 또한 대출 기관과 연계되어 구매자의 대출 서류업무를 도와주며, 에스크로는 주택 구매 과정에서 주택 구매자와 판매자를 모두 보호하므로 집이 양도할 때 양쪽 모두에게 유리합니다.

Estate : 부동산에 대한 개인의 소유권. 사망 당시 개인이 소유한 모든 부동산 및 동산의 합계를 말합니다.

Eviction : 퇴거는 집주인이 임대 부동산에서 세입자를 법적으로 퇴거시킬 수 있는 민사 절차입니다. 퇴거는 임차인이 임대료 지불을 중단할 때, 임대 계약 조건을 위반할 때 또는 법이 허용하는 기타 상황에서 발생할 수 있습니다. 집주인은 퇴거 사유와 퇴거 절차가 시작되기 전 일수를 명시한 통지서와 함께 퇴거 예정임을 세입자에게 알려야 합니다.

Executor : 유언 집행인이다. 즉 유산 관리 유언장에 지명된 사람. 집

행자가 지명되지 않으면 법원은 관리인을 임명합니다. "Executrix"는 여성형입니다.

Fair Market Value : 구매할 의사는 있지만 강요받지 않는 구매자가 지불할 최고 가격과 판매할 의사는 있지만 강요받지 않는 최저 판매자가 수락할 수 있는 가격, 즉 공정 시장 가치라고 할 수 있습니다.

Fannie Mae(FNMA) : 연방 전미 모기지 협회(Federal National Mortgage Association)는 미국 최대 주택 모기지 펀드 공급업체인 의회 승인을 받은 주주 소유 회사입니다.

Federal Housing Administration(FHA) : 미국 주택 및 도시 개발부 (HUD)의 기관입니다. 주요 활동은 개인 대출 기관이 만든 주택 모기지 론을 보증하는 것입니다.

Fee Simple : 토지와 해당 토지에 있는 건물의 완전한 소유권을 의미하는 부동산에서 사용되는 법적 용어입니다. 쉽게 설명하자면, 내 땅을 가진 주택입니다.

Foreclosure : 차압이라고 합니다. 대출인이 모기지 상환금 지불금을 이행하지 못하게 되면, 차용인이 대출을 받아서 구입하였던 부동산에 대한 권리를 박탈당하는 법적 절차입니다.

Foreign Investment in Real Property Tax Act(FIRPTA) : 외국인 투자세법은 비거주 외국인 및 외국 기업이 미국 부동산 매각으로 얻은 이익에 대해 미국 소득세를 납부하도록 요구하는 연방법입니다.

Government Loan : FHA(연방 주택 관리국)에서 보장하거나 VA(Department of Veterans Affairs) 또는 RHS(Rural Housing Service)에서 보증하는 모기

지를 정부 대출이라고 합니다.

Hazard insurance : 위험 대비를 하는 보험이다. 화재, 홍수, 바람, 기물 파손 또는 기타 위험으로 인해 재산에 물리적 손상이 발생한 경우 보장되는 보험입니다.

Home Equity Line Of Credit : 주택의 가용 자산에 대해 차용하고 주택은 신용 한도에 대한 담보로 사용됩니다. 미결제 잔액을 상환하면 신용 카드와 마찬가지로 사용 가능한 신용 금액이 보충됩니다. 즉, 필요한 경우 다시 빌릴 수 있으며 마감 시 설정한 신용 한도까지 인출 기간(일반적으로 10년) 동안 필요한 만큼만 빌릴 수 있습니다.

Home Inspection : 부동산의 상태나 구조적인 검사를 통하여 주택의 큰 하자를 발견하거나 추후에 위험을 초래 할 수 있는 사항 등을 점검하는 과정입니다. 이것은 컨틴전시 조항에도 포함이 되는 것으로 거래 과정에서 매우 중요한 과정이라고 할 수 있습니다.

Homeowners' Association HOA : 계획 단위 개발(PUD) 또는 콘도미니엄 프로젝트의 공통 영역을 유지하고 관리하는 주택소유자 협회입니다. 유지 관리를 위하여 관리 비용을 지불하게 됩니다.

Homeowner's Warranty : 주택 매매 혹은 임대 시에 보증 서비스를 구입합니다. 홈 워런티는 보험 정책이 아니라 주요 주방 가전, 전기, 배관, 난방 및 에어컨 시스템과 같은 대상 품목의 수리 또는 교체 비용을 지불하는 서비스 계약입니다. 보증은 창문, 문 또는 기타 구조적 특징에 적용되지 않습니다.

Impound Account : 대출 후에 차용인이 모기지 지불액만 상환하는 것이 아니라 대출 기관에 재산세 및 보험과 같은 모기지 이외의 부동산 비용을 모기지 상환액과 함께 지불을 하며 대출 기관에서 이 자금을 관리합니다.

Joint Tenancy : 부동산 소유권의 한가지 형태로 전체 재산을 2명 이상이 소유하며 자산이 따로 분리되지 않습니다. 소유권자 중 상대방이 사망한 경우 생존자가 재산 전체를 소유합니다.

Judicial Foreclosure : 법원 판결에 의해서 차압이 실행이 되는 주가 있고, 어떤 주에서는 비사법적 압류 절차를 사용합니다.

Jumbo Loan : 점보론은 정부가 보증하지 않는 기존 모기지론으로, 컨포밍 대출에서의 Fannie Mae와 Freddie Mac에 판매할 수 있는 적합 한도를 초과합니다. 이러한 제한은 카운티마다 다릅니다. 대부분의 카운티에서 2022년 적합 대출 한도는 97만 8백 달러입니다. 이 금액을 초과하는 모든 대출은 점보 대출로 간주됩니다. Solano 카운티 및 San Joaquin 카운티와 같은 개별 카운티는 점보 대출 한도가 더 낮습니다.

Leasehold Estate : 저당권자가 부동산을 실제로 소유하지 않고 장기 임대로 기록된 부동산에 대한 소유권을 보유하는 방법입니다.

Lease Option : 임대 옵션은 임차인이 임대 기간 중 또는 임대 기간 종료 시에 임대 부동산을 구매할 수 있는 선택권을 주는 계약입니다. 또한 소유자가 부동산을 다른 사람에게 판매할 수 없도록 합니다. 기간이 만료되면 임차인은 선택권을 행사하거나 상실해야 합니다. 리스 옵션은 구매할 수 있는 옵션이 있는 리스라고도 합니다.

Lien : 유치권은 일반적으로 부채를 상환하기 위한 담보로 사용되는 자산에 대한 청구 또는 법적 권리입니다. 채권자 또는 법적 판결이 유치권을 설정할 수 있습니다. 유치권은 대출 상환과 같은 기본 의무를 보장하는 역할을 합니다. 기본 의무가 충족되지 않으면 채권자는 유치권의 대상이 되는 자산을 압류할 수 있습니다. 자산을 확보하는 데 사용되는 유치권에는 여러 유형이 있습니다.

Lender : 대출을 제공하는 기관이나 회사를 대표하는 개인을 지칭할 수 있는 용어. "대출 기관"이라고 합니다.

LTV(loan-to-value) : 대출 금액과 감정가 또는 판매 가격(둘 중 더 낮은 쪽) 간의 백분율 관계입니다.

Lock In : 대출 기관이 일정 비용으로 일정 기간 동안 정해진 이율을 보장하는 약정입니다.

Median Price : 중간가격을 의미합니다. 판매자의 리스팅 가격과 관련하여 나열된 주택의 정확히 절반이 이 가격보다 높고 정확히 절반이 아래에 있음을 의미합니다. 예를 들어, 시장에서 17만 5천 달러, 20만 달러, 25만 달러, 35만 달러, 60만 달러의 가격으로 5채의 주택이 판매되고 있다고 가정한다면, 3번째가 중간에 속하므로 중간 가격은 25만 달러가 됩니다. 이것은 평균 가격과 동일하지 않습니다. 위의 동일한 예를 사용하면 평균 가격은 31만 5천 달러가 되며 이는 25만 달러의 중앙값보다 훨씬 높습니다.

MLS(Multiple Listing Service) : 부동산 거래를 하기 위한 중개인들을 위한 플랫폼이라고 볼 수 있으며, 판매자를 가진 중개인과 구매자를 가진 에이전트가 서로 부동산에 대한 정보를 공유하며 서로 협력할 수 있는 시스템입니다.

Mortgage : 주택 모기지론은 은행, 모기지 회사 또는 기타 금융 기관이 상업용 또는 산업용 부동산과 달리 주택(주 거주지, 보조 거주지 또는 투자 거주지) 구매를 위해 제공하는 대출입니다. 주택 담보 대출에서 부동산의 소유자(차용인)는 최종 대출금 지불이 완료되고 모기지론의 다른 조건이 충족되면 소유권이 소유자에게 다시 이전된다는 조건으로 소유권을 대출 기관에 양도합니다.

Mortgage Insurance : 주택 융자 불이행으로 인해 발생한 일부 손실에 대해 융자 기관을 보호하는 보험입니다. 종종 실수로 PMI라고 하며 실제로는 더 큰 모기지 보험사 중 하나의 이름입니다. 모기지 보험은 일반적으로 대출 가치가 80% 이상인 모든 대출에 대해 이런저런 형태로 요구됩니다. 스스로를 "No MI"라고 부르는 80% LTV 이상의 모기지는 일반적으로 더 높은 이자율로 이루어집니다. 대출자가 모기지 보험료를 직접 지불하는 대신 대출 기관에 더 높은 이율을 지불하면 대출 기관이 모기지 보험료를 스스로 지불합니다. 또한 FHA 대출 및 특정 최초 주택 구입자 프로그램은 가치 대부금에 관계없이 모기지 보험이 필요합니다.

Multiple Offers : 판매자가 여러 구매자로부터 오퍼를 받았다는 것을 의미합니다. 셀러 마켓에서 자주 일어나는 일입니다. 경쟁력이 있는 구매자만이 주택을 구매를 할 수 있다. 여기에서 경쟁력이라고 하는 것은 구매조건은 완화하고 구매가격은 높게 하는 것이 가장 큰 경쟁력이 될 수 있습니다.

Notice of default : 모기지 상환 지불액의 채무 불이행이 발생했으며 법적 조치가 취해질 수 있다는 것을 공식적으로 서면으로 통지합니다.

Open House : 판매하고자 하는 주택을 잠재적 구매자가 볼 수 있도록 오픈하여 주택의 내부를 볼 수 있는 시간이며 대부분의 오픈 하우스는 주말 오후에 이루어집니다. 일반적으로 부동산 중개인이 오픈 하우스를 개최하고, 판매자 또는 세입자는 오픈 하우스를 하는 시간 동안에는 집을 비우고 잠재 구매자들이 집 구경을 할 수 있게 합니다.

Pre-Approved : 필요한 모든 서류와 정보가 제출되었으며 대출 승인 및 승인을 방해하는 신용 또는 소득 문제가 없는 것으로 보이는 보류 중인 대출. 반드시 대출 기관이 실제로 대출을 승인한다는 의미는 아닙니다.

Property Taxes : 부동산 또는 개인 재산에 대해 부과되는 세금은 주 및 지방 정부만이 토지에 세금을 부과할 헌법상의 권리를 가집니다.

Purchase Agreement : 구매자와 판매자 간의 서면 계약으로 구매 가격과 조건이 자세히 설명되어 있습니다.

Quitclaim Deed : 양도인이 소유권을 가진 재산에 대한 이권만 양도하는 증서. 포기 증서는 일반적으로 이혼을 원하는 기혼자들이 사용합니다. 일반적으로 한 사람이 재산에 대한 이해관계가 있을 수 있지만 알 수 없는 경우 한 배우자가 전체 소유권의 부동산 문제에 대한 모든 권리에 서명합니다.

Recording : 등기 증서, 모기지, 판매 계약, 옵션 및 양도와 같이 부동산 소유권에 영향을 미치는 서면 문서를 카운티 기록관에게 제출하는 행위.

Rent control : 특정 유형의 부동산에 대한 임대료 인상을 금지하는 지방 조례.

Sale-Leaseback : 구매자 또는 대출 기관에 판매하는 동시에 다시 임대하는 부동산 소유자를 말합니다.

Security Deposit : 정상적인 사용 이상으로 임대 기간 동안 부동산에 발생할 수 있는 모든 손상에 대해 선지급하기 위해 집주인에게 지급되는 돈. 대부분의 주에서는 집주인이 별도의 계정에 돈을 보관하고 손해가 제한적이거나 전혀 없는 경우 금액 또는 그 일부를 지불하도록 요구합니다.

Short Sale : 공매도는 심각한 재정 문제에 처한 주택 소유자가 모기지 빚보다 적은 금액으로 집을 팔 때 발생합니다. 원래 모기지의 대출자는 판매 수익금 전액을 받고 차액을 탕감하거나 원래 차용인이 남은 금액을 지불해야 하는 결함 판결을 받습니다.

Subordination Agreement : 후순위 계약은 채무자로부터 상환금을 회수하기 위해 한 채무를 다른 채무보다 우선 순위로 설정하는 법적 문서입니다. 채무자가 지불 불이행을 하거나 파산을 선언할 때 채무의 우선 순위는 매우 중요해질 수 있습니다.

Title search : 공공 기록에 기록된 모든 거래를 검토하여 재산 이전을 방해할 수 있는 특정 소유권의 결함이나 하자를 발견합니다.

Tract house : 구획에 있는 다른 많은 주택과 동일한 건축 계획 아래에 지어진 주택.

UCC(Uniform Commercial Code) : 미국의 모든 상업 거래에 적용되는 포괄적인 법률입니다. 연방법이 아니라 일률적으로 채택된 주법입니다. 이 분야에서는 주 간 사업 거래를 위해 법의 통일성이 필수적입니다. UCC가 보편적으로 채택되었기 때문에 기업은 모든 미국 관할권의 법원에서 동일한 방식으로 약관을 시행할 것이라는 확신을 가지고 계약을 체결할 수 있습니다.

Underwriting : 모기지 받을 때 은행이 모기지 신청한 사람이 제출한 자료들(연봉, 자산 현황, 기존 대출금, 부동산 상세 정보 등)이 맞는지 확인하는 작업.

Walk-through : 에스크로 클로징 하기 직전에 부동산에 대한 최종 검사. 구매자는 부동산이 비워졌고 손상되지 않았으며 판매자가 판매에 포함된 비품을 가져가지 않았음을 확인할 수 있습니다.

Zoning estoppels : 정부가 새로운 축소 조례를 시행하는 것을 금지하는 규칙. 정부가 모든 구역 요구 사항을 승인했다고 믿고 재산 소유자가 새로운 축소가 이루어지기 전에 재산에 상당한 돈을 지출한 경우 정부는 새로운 축소를 시행하지 않을 수 있습니다.

집 크기의 단위로 미국은 주택 면적 단위를 스퀘어 피트(SF)로 표기 합니다.

1 평 = 35.58 SF

캘리포니아의 많은 사람들이 거주하는 집의 크기는 대체적으로 1,200SF 부터 4,000SF 정도 까지 이며 4,000SF가 넘어가면 큰 집으로 속하게 됩니다. 가장 인기가 좋은 침실의 개수는 3~4개입니다. 단독주택의 일반적인 대지의 크기는 4,000SF 에서 15,000SF 정도입니다. 그러나 미국의 주택이 워낙 다양하므로 한마디로 정의하기는 어려운 부분이 있습니다.

SF	평	SF	평	SF	평
1000	28.1	2600	67.4	4000	112.4
1200	33.7	2600	73.0	4500	126.4
1400	39.3	2800	78.6	5000	140.5
1600	45.0	3000	84.3	6000	168.6
1800	50.6	3200	89.9	7000	196.7
2000	56.2	3600	95.5	8000	224.8
2200	61.8	3800	101.1	10000	281.0

02

미국에서 신축 분양으로
구매하는 방법

신축 분양을 알아보는 과정

내가 살고 싶어 하는 지역에 신축 분양을 하는지 알아보거나, 신축 분양하는 지역을 찾아가는 길이 있습니다.

팬데믹 이후로는 신축 분양 모델 홈을 구경하려면 미리 약속을 정하고 가야 합니다. 어떤 경우에는 버추얼 비디오로 모델 홈 구경을 하기도 합니다.

부동산 중개인의 도움을 받으려면 꼭 함께 가서서 사인하시고 집 구경을 하는 것을 추천합니다.

① 신축 분양을 대출을 받아서 구매를 한다면, 기존의 집 구매와 마찬가지로 대출 준비를 해야 합니다. 분양 사무실에서 요구하는 모기지 사전승인을 신청해야만 합니다.

② 빌더에서 분양하는 일정에 사전 승인이 된 구매자를 우선으로 하여 구매하고자 하는 땅(Lot)을 선택합니다. 이때 같은 땅을 원하는 구매자 많은 경우에는 서로 경쟁을 가격으로 입찰을 하거나 선착순으로 또는 추첨을 하여 결정합니다. 땅(Lot)의 번호에 따라서 집의 가격, 크기 위치, 집 구조 등이 다릅니다.

③ 대부분의 새집 분양은 한번에 전체 분양 매물을 판매하지 않고, 단계적으로 진행을 합니다. 만약 전체 분양하는 주택이 100채이라면, 일반적으로 1차 분양에서 8~10채를 분양하고, 2차 분양을 하고, 마지막 10차 분양으로 100채가 모두 분양 완료될 때까지 하게 됩니다. 맨 마지막으로는 모델 홈으로 사용했던 주택의 가구까지 포함하여 분양을 합니다.

④ 새집 분양의 경우, 정해진 금액으로 판매하기도 하고, 서로 경쟁하여 가장 높은 가격으로 판매하기도 합니다.

새집을 분양 구매계약서에 사인을 하고 난 후에

① 계약을 취소할 수 있는 기간은 대부분 계약 사인 후 72시간 이내 입니다. 이 기간에는 계약을 취소할 수 있으며 계약금을 돌려받을 수 있습니다. 계약금은 대부분의 개발업체에서 분양 가격의 3%를 요구합니다.

② 마감재 선택 : 마감재에 대해 선택권이 전혀 없는 경우도 있지만,

일반적으로 일부 마감재를 선택할 수가 있습니다. 대부분의 구매자는 바닥과 주방 부분의 마감재 선택에 더 많이 신경을 쓰게 됩니다. 모델 홈을 볼 때 기본사양, 업그레이드 사항 등에 대한 내용을 확인하는 것이 좋습니다. KB Home이나 Toll Brothers 같은 개발업체에는 '디자인 센터'가 따로 있기도 합니다.

③ 공사가 진행되는 기간 : 분양 매매 계약서에 사인하고 난 후에 빌더에서는 집을 짓기 시작합니다. 따라서 공사를 하는 6개월에서 8개월 동안은 구매자에게는 기다리는 시간이라고 할 수 있습니다. 가끔 개발업체가 특별한 이벤트를 하거나 오리엔테이션을 하기도 합니다.

④ 에스크로 기간 : 주택이 완공되기 1~2개월 전에 개발업체로부터 연락받아서 에스크로를 진행하게 됩니다. 구매자는 대출을 받기 위하여 대출 기관과 대출과정(기존 주택 대출 과정과 대부분 동일 함)을 시작을 하고, 주택단지의 HOA 서류도 받게 됩니다.

⑤ Final Walk-Through : 분양받은 주택이 완공되고 에스크로 클로징을 앞두고 Final Walk-Through를 합니다. 개발업체의 담당자와 집 전체를 둘러보면서 하자 보수가 필요한 부분이 있는지를 확인하는 과정입니다. 새집의 경우에도 입주하고 난 후에 거주를 하면서 주택 보수 문제가 발생하기도 합니다. 1년 홈워런티가 보장되므로 개발업체의 관리팀이 수리를 합니다.

⑥ 에스크로 클로징 후에 입주하게 됩니다. 에스크로 오픈을 하고 난 후에는 기존의 주택매매 절차와 유사합니다. 대출이 완료되

고 해당 카운티에 등기가 되면 에스크로는 종료되며 구매자는
입주합니다.

새집 구입을 선호하는 이유

① 현대적인 구조로 층고가 높아 시원한 느낌이 좋으며 동선이 편
리한 구조, 세련된 최신 디자인의 트렌디한 집을 구매할 수 있습
니다.

② 디자인 선택 가능하므로 개인의 취향에 맞게 설계 변경도 가능
합니다. 예를 들면, 개방된 작은 거실을 방으로 변경할 수 있고,
주방 캐비닛의 크기나 색상, 자재를 원하는 대로 선택할 수 있거
나 변경할 수 있고, 커스텀으로 냉장고나 와인 쿨러를 장식장처
럼 만들어 넣을 수도 있습니다.

③ 에너지 효율이 높습니다. 창문, 벽과 같은 구조에서의 냉난방을
고려하여 설계된 경우가 많고, 태양전지 패널 설치, 순간온수기
설치 등 에너지 절약 시스템을 도입하여 기존 주택과 비교하여
30% 이상 효율성이 높다고 봅니다.

④ 스마트 홈 구축으로 AI 시스템, 온도 조절기, 디지털 홈시큐리티,
디지털 히팅 시스템, 안전 시스템 등의 편리한 기능 장착이 가능
하고, 최근에 신축하는 주택의 경우 인터넷의 속도를 높이는 시
스템을 도입하기도 합니다.

⑤ 개발업체는 주택 소유주를 위한 홈워런티 즉 수리 보증제도를 전체적인 하자 문제는 1년, 중요한 부분의 하자 발생 시에는 10년을 보증하기도 합니다. 보증 기간이나 각각의 사항은 개발업체에 따라서 다르므로 계약 시에 확인을 하는 것이 좋습니다.

새집 분양 시 고려 해 할 사항

① 기존의 집보다 위치적으로 외곽일 가능성이 높습니다. 사람들이 살기에 좋은 지역에는 이미 기존의 집들이 차지하는 경우가 많기 때문에 위치적으로 선호지역이 아닐 수도 있습니다.

② 분양 가격이 기본 사양인 경우 업그레이드하는 비용이나, 디자인, 편리 시설을 선택할 때 추가비용이 발생하여 예산을 초과할 수 있습니다. 일반적으로 분양 가격에서 10~15%정도 더 추가비용이 발생할 수 있습니다. 참고로 대부분의 분양하는 모델홈은 매매가격의 20% 이상의 업그레이드 비용과 인테리어 비용이 추가되었다고 봅니다. 추가비용으로 블라인드, 커튼, 가전제품, 마룻바닥, 주방의 싱크대 카운터탑 등이 있으며 또한 앞마당과 뒷마당의 조경에도 많은 비용이 지출될 수 있습니다.

기본적으로 새집 분양을 받으면, 뒷마당은 그대로 맨땅입니다. 집의 앞마당도 소유주가 조경을 해야만 합니다. 특히 얼바인의 경우에는 앞마당의 조경을 할 때 추가 비용이 발생하는 것은 물론이고, HOA로부터 승인을 받아야 하는 번거로움이 발생할 수도 있습니다.

③ 주택을 분양하고, 시공하고 완공되는 시간이 짧게는 약 6개월에서 1년 정도가 소요되기도 한다. 만약에 거주하는 주택을 매매하고 새집으로 이사를 하고자 하는 경우에는 일정을 잘 조정 해야 할 필요가 있습니다.

④ 멜로루즈(Mello Roos Tax 특별세) 세금을 납부할 가능성이 있습니다. 이는 재산세 비용 이외에 추가로 멜로루즈 세금을 납부하게 되므로 집을 유지하는 비용이 올라가게 됩니다.

⑤ 새집 분양을 1차, 2차 분양을 받은 경우라면 향후 몇 년간 건설 구역에 살게 될 수도 있으며, 공사로 인하여 먼지가 많아서 불편한 생활을 할 수도 있습니다.

⑥ 새집 분양 가격은 일반적으로 분양 차수가 지날수록 분양금액은 올라가게 됩니다. 즉 1차 분양이 가장 낮고 10차 분양이 가장 높다고 할 수 있습니다.

예를 들어, LA 카운티의 위티어 커뮤니티에서 단독주택을 8개월 전에 80만 달러에 분양 했던 것이 8개월 후에 110만 달러로 껑충 올랐습니다. 부동산 시장의 흐름에도 영향을 받은 것도 있지만, 일반적으로 분양 시기가 뒤로 갈수록 가격은 상승합니다.

⑦ 새집 분양을 구매할 때 구매자를 위하여 일하는 부동산 중개인을 두는 것이 좋습니다. 중개인은 구매자를 대신하여 위치 선정, 마감재 선택, 에스크로 진행 등의 도움을 주기 때문입니다. 개발

업체의 직원은 구매자를 위해서 일하지 않습니다. 중개인의 경험과 노하우로 좀 더 신속한 정보를 제공할 수 있으며, 개발업체와 문제가 발생했을 때에도 도움을 받을 수 있습니다

에피소드

몇 년 전 얼바인에 새집 분양을 받아서 이사 들어간 후 얼마 지나지 않아서 '비가 내린 후에 창문틀로 물이 계속 흘러내린다'고 급하게 연락이 왔습니다. 새집 구입을 한 구매자는 기쁨과 행복으로 들떠 있었는데 이렇게 황당한 일이 발생한 겁니다. 해결을 위해서 개발업체와 수십 번의 연락을 주고 받으면서 협상을 하여 창문 교체 공사는 물론이고, 거실과 주방의 바닥도 마루로 업그레이드를 해 주었고, 뒷마당 조경 공사까지 20만 달러에 가까운 보상을 받아냈습니다.

⑧ 주택 간의 밀도가 높습니다. 예를 들어 집 앞의 도로가 좁다거나, 3층 구조로 지어진 집이거나, 집과 집 사이의 프라이빗 공간이 구축에 비해 작다고 할 수 있습니다.

⑨ 신축하는 지역의 이웃과 개발업체를 알아봐야 합니다. 거주하고자 하는 지역의 커뮤니티를 걸어서 다녀보고 편의 시설과 주택의 품질을 확인하는 것이 좋으며 이미 입주한 거주민이 있다면 그들과 대화를 해보는 것도 좋은 방법 중의 하나이기도 합니다. 자녀가 있는 경우에는 학군에 대한 조사도 필요할 것입니다.

신축 개발을 하는 큰 규모의 개발 업체 또는 커스텀 개발을 하는 업체가 있습니다. 대형 프로젝트로 개발하는 경우도 있고, 단지 몇 채의 주택을 특색을 가지고 짓기도 합니다. 개발업체의 브랜딩에 따라서 나중에 집을 매매 할 때, 판매 가격에도 영향을 미치기도 합니다.

⑩ 주택 소유자 협회(HOA) 비용이 얼마인지 확인합니다. 그 지역에서 너무 비싼 경우라면 나중에 판매에 어려움이 있을 수 있으므로 구매를 고려해 봐야 할 것입니다.

신축 분양으로 주택을 구매하는 경우도 일반 주택 구입을 하는 것과 마찬가지로 부동산 시장 상황에 따라서 변동 사항이 발생하므로 유의하시길 바랍니다.

03

은행 차압(Foreclouse)
절차 및 구매 방법

대출을 받아 주택구입을 하였지만 매월 납부해야 하는 모기지 지불 금액을 3개월 연체한다면 모기지 은행으로부터 채무 불이행 통지서를 받게 됩니다.

대출금 연체가 계속된다면 포클로저 과정이 절차에 따라 진행됩니다. 이 과정에서 소유중인 부동산이 매각되거나 경매로 넘어가게 되거나 강제로 해당 부동산으로부터 퇴거 조치를 당하기도 합니다.

은행 차압(Foreclosure) 절차 4단계

1단계 : 채무불이행통지서(Notice of Default, NOD)

대출 기관은 90일 동안 주택 소유자가 모기지 대출 상환금은 연체하면 불이행 통지를 보냅니다. 대출자(주택 소유자)는 모기지 지불상환금과 연체료를 한꺼번에 정산을 하게 되면 다시 정상적으로 돌아가 기존의 모기지 상환금을 똑같이 매월 지불하게 됩니다.

만약에 불이행 통지를 받은 후에도 계속해서 체납금을 갚지 않는다면 대출 기관은 압류 절차를 시작합니다. 이 단계에서 주택 소유자는 일반적으로 부채를 상환함으로써 주택을 보존하기 위해 대출 기관과 협상할 수 있습니다. 이 단계를 사전 압류(Pre Foreclosure)라고 합니다. 이 과정에서 판매자가 되어 구매자를 찾을 수가 있습니다.

현 시세가 대출금보다 더 높을 경우 빠른 시일 내에 정상적인 판매를 선택하게 될 것입니다. 반면에 집값이 대출금보다 더 낮을 경우 대출 기관의 승인을 받아야 하는 숏세일의 방법으로 매매를 해야할 것입니다.

모기지 지불금 연체 기록은 한두 달 이내에 차용인의 신용보고서에 나타나며, 또한 처음 연체된 날로부터 7년 동안 신용보고서에 기록이 남게 됩니다.

2단계 : 수탁자 판매공지(Notice of trustee sale, NOT)

채무 불이행 공지(NOD)를 받은 후 90일이 지난 후에도 대출금과 연체료를 지불하지 않을 경우에 주택 소유주(차용인)는 판매 공지(NOT)를 받게 됩니다.

NOT를 받은 날로부터 3개월 기간이 종료되기 5일 이전까지는 연체된 대출금을 모두 지불함으로서 차압을 방지할 수도 있습니다.

경매 날짜는 NOT를 받은 날로부터 3개월이 종료된 후 최소 20일이 되어야 합니다.(캘리포니아 민법 § 2924) 매각일로부터 최소 20일 전에 매각하게 될 해당 부동산의 현관문에 게시한다. 판매 공지(NOT)를 받은 날로부터 20일 후에 해당 카운티 법원의 경매로 넘어가게 됩니다. 구매자는 이 단계에서는 숏세일로 구매가 가능합니다.

3단계 : 경매(Auction)

압류 경매는 일반적으로 해당 부동산이 위치한 카운티의 법원에서 진행을 합니다. 압류된 부동산은 누구나 입찰할 수 있지만 현금 구매만 가능합니다. 즉 레버리지를 사용할 수는 없습니다.

그러나 구매자/투자자는 해당 부동산의 내부를 미리 볼 수는 없습니다. 잠재적 구매자는 또한 관심이 있는 매물의 구매를 위한 자금 조달 계획을 필요로 합니다.

경매의 규칙과 규정은 캘리포니아에서도 카운티 마다 약간의 차이가 있으므로 그 해당 지역 카운티의 규칙과 규정을 미리 확인해 두는 것이 좋습니다. 보편적으로 캘리포니아에서는 모든 경매가 최종 판매 단계이므로 구매자는 신중해야 합니다. 부동산의 내부 상태를 확인하기 어렵고, 밀린 세금이 있는지? 미지급된 유치권을 인수해야 하는 것이 있는지? 등을 경매 이전에 자세히 조사해야 하며, 퇴거가 필요한 경우에는 그에 대한 조치도 필요하므로 초보자가 투자하기에는 위험이 따른다고 할 수 있습니다.

4단계 : 은행 차압(Real Estate Owned, REO)

REO(부동산 소유)는 대출 기관이 소유한 자산으로, 법원 경매에서 판매가 이루어지지 않았을 때, 일반적으로 대출 기관(여러 투자은행, Fannie Mae 또는 Freddie Mac과 같은 준정부 기관)이 압류된 부동산의 소유권을 가지게 됩니다.

대출 기관은 부동산 중개인을 이용하여 은행차압(REO) 부동산을 판매하며, 대출 기관으로부터 할인된 가격으로 판매되기도 합니다.

구매자는 은행 차압매물을 구입할 때에 주의해야 할 사항은 구매 금액 및 수리 비용을 잘 계산을 해야 하며, 종종 일반 매물보다 은행 차압매물이 더 높은 가격으로 구매하는 결과가 발생할 수도 있기 때문입니다.

주택소유주가 은행 차압(Foreclosure)을 중단시키려면

압류를 막을 수 있는 몇 가지 방법으로는 대출을 복원, 매각 또는 파산 신청을 할 수도 있습니다.

- **대출 회복** : 캘리포니아 법에 따라 차용인은 비사법적 압류로 매각일 5영업일 전까지 언제든지 원상 복귀할 수 있습니다. 경매 일정이 정해지기 전에는 가능합니다.
- **매각** : 부동산을 법원 경매 이전에 판매하여 대출금을 모두 상환

합니다.

- **파산 신청** : 압류에 직면한 경우 파산 신청이 도움이 될 수 있습니다. 사실 압류 매각이 다음 날 전후로 예정된 경우 매각을 즉시 중단하는 가장 좋은 방법은 파산 신청을 하는 입니다.

  파산 신청에 관한 자세한 사항은 파산 변호사와 상담 하시길 바랍니다.

차압(Real Estate Owned)된 주택 구입하기

법원 경매에서도 판매되지 않아 대출 기관이 해당 부동산을 취득하여 판매하기 위하여 부동산 시장에 내놓습니다.

구매 절차는 일반 부동산과 유사합니다. 대체로 일반 매물보다 낮은 가격으로 구매할 수 있는 장점이 있습니다. 반면에 차압매물은 관리가 되지 않았거나 파손된 경우가 많아서 이것을 수리하거나 복구하기 위한 비용을 예상하여 구매 여부를 결정하는 것이 좋습니다. 때로는 배보다 배꼽이 더 크다는 속담처럼 손해를 보는 경우가 있기도 합니다.

2008년 서브 프라임 금융 위기 이후

리만브라더스 사태 이후 서브프라임 금융위기가 발생을 했고, 많은 주택 소유주들이 집을 포기하였습니다. 금융위기가 발생한 큰 원인 중의 하나로 내 집을 사고 싶다는 생각을 하기만 하면, 집을 살수가 있었다는 것 입니다. 다운 페이먼트 하나도 없이도 주택을 구매 할 수 있었다. 즉, 내 돈을 한 푼도 들이지 않고 집을 살 수가 있었습니다.

외곽지역의 도시에 가면, 그 동네의 대부분의 집들이 은행에 차압이 되어 'For Sale' 사인이 집집마다 붙여져 있기도 했습니다. 그러다 보니 집값이 폭락을 하여 3,000SF(약 84평)이 30만 달러에 매매 되었는데요. 계산해보면 스퀘어피트에 1백 달러, 즉 집 건축비보다도 훨씬 낮은 비용까지 폭락을 한 것입니다. 현재 그 주택의 호가는 90만 달러가 넘어가고 있습니다.

차압 매물 거래 취소 사례 1.

뒷마당에 자녀들이 좋아하는 수영장이 있는 차압 매물을 구매 하는 과정에서 수영장 바닥에 금이 있어서 물이 새고 있다는 것을 홈 인스펙션을 통해서 알게 되어 거래를 취소하고, 큰 하자는 없지만 리모델링이 좀 필요한 다른 집을 싸게 구입하였습니다.

차압매물 구입 성공 사례 2.

오렌지 카운티의 한인타운이라고 하는 부에나팍 인근에 있는 게이트가 있는 커뮤니티의 단독주택이고, 집의 구조도 좋았고, 무엇보다도 인기가 좋은 지역이어서 많은 구매자들이 몰려들어서 구매자들 간의 치열한 경쟁이 되었습니다. 사실 이 경쟁이 결국은 어떤 중개인이 이기는 전략으로 계약을 성사시킬 수 있는지가 관건인 셈이기도 합니다. 50여 명 이상과의 경쟁을 제치고 당당히 이루어 냈을 때의 성취감은 환상적이기도 하죠. 이런 짜릿한 성취감 때문에 부동산 중개업무를 하는 맛이 나기도 합니다. 현재까지도 그 고객분께서는 그 집에서 잘 지내고 계십니다. 차압주택의 구매금액은 45만 달러였으며 현재 100만 달러 이상으로 거래되고 있습니다.

차압매물 구입 성공 사례 3.

개인 고소득자로 급여를 받다보니 거의 수입의 40%가 세금으로 나가는 것이 아까워서 주택 구매를 하려던 분이 같은 교회에 다니는 중개인을 만나서 오퍼를 여러번 넣어도 계약이 성사 되지 않아 고민 하다 찾아오셔서 도와 드린 적이 있습니다. 계약 당시에 10%를 다운페이먼트 하려고 하였으나 계약 진행 중에 개인적인 사정이 생겨서 3.5%만 다운페이먼트가 가능하다고 하여 다른 방법으로 대출을 하고, 대출비용 할인을 받아내고, 차압 주택임에도 터마이트 비용을 크레딧으로 받아서 결국에는 단돈 1만 달러로 주택을 구입을 하였습니다. 그 후에 그분이 자주 제게 김치선물을 해주시곤 했습니다.

숏세일 절차와 구입하는 법

숏세일이란, 재정적으로 어려움을 겪는 집주인이 모기지 대출 금액 보다 부동산 매매 가격이 더 낮은 경우가 발생하게 되는 것을 말합니다. 주택 담보 대출자(판매자)는 대출 기관으로부터 매매 후 부족한 상환 대출금과의 차액을 대출 기관으로부터 모두 면제를 받거나 일부를 면제받게 됩니다. 사전 차압 절차라고도 합니다.

1. 숏세일로 구매하는 절차

숏세일로 나온 주택의 구입은 일반적 거래와 비교하면 조금 더 복잡하고 시간이 좀 더 많이 걸리는 것입니다. 대출 기관으로부터 숏세일 승인을 받아야만 하고, 승인 시까지의 기간이 짧게는 2개월 길게는 1년 이상이 걸리기도 합니다.

이는 주택 소유자(판매자)가 모기지를 지불하지 않고 공짜로 더 거주하기 위해서 숏세일 승인의 조건을 피하면서 잠재 구매자를 몇 번의 교체를 하면서 시간을 끌게 됩니다.

즉 판매자(주택 소유자) 입장에서는 숏세일 기간 동안 모기지 상환금을 지불하지 않기 때문에 오래 거주할수록 유리한 입장이 되는 것이므로 구매자 입장에서는 프로세스가 너무 오래 걸리게 되면서 구매 취소를 하게 됩니다. 결국은 구매자는 주택 소유주를 위한 들러리 역할만 하게 되는 경우도 종종 발생하게 됩니다. 따라서 어떤 상황에서 숏세일을 하는 것인지를 경험 많은 중개인과 논의를 하는 것이 시간

낭비를 하지 않는 지름길이라고 할 수 있습니다. 숏세일에 대한 규정은 미국의 각 주마다 차이가 있으나 캘리포니아에서는 다음과 같은 절차로 진행이 됩니다.

- **숏세일 패키지(판매자가 준비)** : 주택 소유주(차용인)는 재정 서류를 대출 기관에 제출하여 재정적 어려움을 입증해야 합니다. 재정적 서류에는 차용인의 개인 재무제표, 지난 2년간의 세금 신고서, W-2, 급여 명세서, 은행 거래 내역서 그리고 모기지 상환금을 지불할 수 없게 된 배경의 어려운 상황을 설명하는 편지를 준비해야 합니다.
- **숏세일 오퍼(구매자)** : 수락한 오퍼의 패키지(구매자의 사전 승인 서류, 자금 증명서)와 차용인의 재정적 서류 패키지를 대출 기관에 제출하여 숏세일 승인을 받아야만 합니다. 만약에 누락된 서류가 있다면, 보완 서류를 요청하게 될 것이고 진행시간은 지연될 것입니다.
- **대출 기관** : 은행에서는 받은 구매자의 패키지와 차용인의 패키지를 검토를 합니다. 승인에 소요되는 시간은 은행에 따라서 케이스에 따라서 다르다고 할 수 있습니다. 모든 상황을 검토한 후에 대출 기관은 숏세일 승인 또는 거부를 결정합니다.

이 구매 과정에서 주의해야 할 것은 판매자(차용인)가 수락한 오퍼 가격이 최종 구매 가격이 아니라는 것입니다. 대출 기관에서 숏세일을 승인할 때에 매매 금액이 결정됩니다. 은행 입장에서는 위험을 최소화하기 위한 매매가격을 제시합니다.

예를 들어 부동산 시장에 숏세일 매매로 70만 달러의 매물이 일반 주택보다 20만 달러 낮게 나왔다면, 많은 구매자들의 관심을 가지게 되고 오퍼 경쟁을 거쳐서 계약 체결된 가격이 75만 달러로 대출 기관에 승인받기 위해 제출합니다. 그러나 대출 기관에서 승인된 가격이 85만 달러로 결정을 하였다면, 구매자가 원하는 가격과 10만 달러의 차이가 생기게 되는 거죠. 이때 구매자가 그 차액에 상관없이 구매할 수도 있고 또는 계약을 취소할 수도 있다는 것입니다.

2. 숏세일 부동산을 구입할 때 고려해야 할 사항

① 수리 및 개조 비용을 고려해야 합니다. 이 비용은 건물의 상태와 계획에 따라 달라질 것입니다. 투자가는 수익을 낼 수 있는지 판단하는 데 필요한 수치 중 하나이기 때문에 현실적인 예산과 투자 와 수익에 대한 계산을 잘 따져 보아야 할 것입니다. 고려해야 할 비용에는 재료비, 인건비, 인허가 비용, 쓰레기 수거비, 수거통 대여 등이 포함됩니다.

② 홈 인스펙션이 꼭 필요로 하며 인스펙션에서 구매 주택의 하자 또는 수리 비용을 예상할 수 있을 것입니다. 또한 흰개미의 건물 손상 부분에 관한 사항도 확인 꼭 필요한 부분이 됩니다.

일반 매매 거래에서는 홈 인스펙션 후에 수리 요청으로 크레딧을 받거나 수리를 하는 것으로 협상을 할 수 있으나, 대부분의 숏세일의 경우에는 'AS IS Condition'이라고 하여 '있는 그대로' 구매하는 사항이 되는 것이므로 꼭 비교해 보는 것이 좋습니다.

덧붙여서, 수리 비용 뿐만 아니라 리모델링 비용도 고려해야 하는 부분이기도 합니다.

3. 숏세일로 부동산 구매의 장·단점

가장 큰 장점은 시세보다 낮은 가격에 구매할 수 있는 것입니다. 단점으로는 시간이 오래 걸릴 수 있으며 생각지 못했던 법적인 문제가 발생할 확률이 높습니다.

실제 거래하면서 있었던 사례로 판매자(주택소유주)가 HOA 비용을 1년 이상 연체하였고, HOA 관리회사에서는 오랫동안 연체되면서 변호사에게로 넘겨 놓은 상태였습니다. 1년 동안의 HOA 비용과 연체 비용 그리고 변호사 비용까지 누적된 비용이 자그마치 집값의 10% 정도에 해당하고, 이 비용을 구매자가 떠안아야 하는 상황이었습니다. 결국에는 모기지 은행과 구매자 사이에서 거래 가격의 협상을 우여곡절 끝에 잘 해결할 수 있었습니다. 이처럼 어떤 경우에는 판매자(주택 소유주)의 부동산 관련된 부채를 구매자가 지불해야 하는 경우가 발생하게 됩니다. 또 어떤 숏세일의 경우에는 비어 있는 집에 수도를 잠금이 되지 않아서 며칠 동안 물이 넘쳐 나서 집 안 가구가 잠기는 경우도 있었습니다. 이처럼 숏세일 하는 부동산의 경우에는 상상 그 이상의 상태인 경우도 꽤 있습니다.

4. 숏세일을 할 수밖에 없었던 이야기

미국의 서브 프라임 사태가 발생하면서 여러 가지의 사건 사고들이 많았습니다.

2008년도쯤 잘 운영하던 식당에 화재가 발생하여 영업중단을 하게 되고 뒤처리를 여기저기 뛰어다니면서 해결하다가 결국에는 식당을 폐업하게 되는 안타까운 사연이 있으신 분이었습니다.

경제적으로 어려운 상황이 발생하게 되어서 살고 있는 집의 모기지 지불을 한 달 두 달 계속하여 체납하게 되는 상황까지 가게 되면서 저희 사무실을 찾아오셨습니다.

주택가격은 내림세로 가고 있고 밀린 모기지 체납액은 높아만 가고 있는 상황에서 가장 손해를 덜 볼 수 있는 숏세일을 하기로 결정하면서 모기지 지불도 하지 않고, 체납액도 지불 하지 않고, 살고 있던 집에서 거의 1년 정도를 아무 비용 없이 즉 공짜로 살 수 있었습니다. 이분은 직장을 다니면서 1년여를 렌트비 낸다고 생각하고 매월 3천 달러씩 3만 6천 달러를 저축하셨다고 합니다. 살던 집을 깔끔하게 정리하고 저축을 2~3년 하면서, 다시 크레딧 관리를 하여서 새로운 주택을 구매할 수가 있었답니다.

5. 숏세일을 할 뻔했던 이야기

10년 전쯤 같은 동네에 살고 친하게 지내던 지인이 어느 날 언제 시간 나면 들려서 은행에서 받은 서류를 좀 봐달라고 연락이 왔습니다. 확인을 해보니, 모기지 채무불이행 통지서였습니다.

이야기를 들어보니 매월 모기지 페이먼트를 잘 납부하고 있었는데 몇 개월 전에 딱 한 번 모기지 페이먼트를 납부하지 않았다고 합니다.

그런데 모기지 은행의 입장에서는 모기지 페이먼트 내지 않았던 몇 개월 전 즉 페이먼트가 밀린 그날부터 연체일로 계산한다는 것입니다.

따라서 몇 개월 전부터 연체가 계속되고 있었으며 대출기관으로부터 편지를 받으면서 경매로 넘어갈 수도 있겠다는 불안함에 같은 교회에 다니는 중개인과 상담을 했다고 합니다. 그 중개인은 '숏세일' 권유했으며 혹시나 하는 마음으로 제 의견을 듣고자 연락한 경우입니다. 이런 경우의 해결책은 '밀리고 있는 한 달 치와 현재의 모기지 페이먼트를 꼭 해야 한다.'였습니다. 그래서 저는 한 달 치가 계속해서 연체되고 있어서 어디에서 잠시 빌려서라도 한 번에 두 달 치의 모기지 상환금을 지불하라고 조언했습니다. 숏세일을 하고 렌트집을 얻어서 나간다고 하더라도 현재의 모기지 금액보다 더 많은 비용이 나갈 것이 뻔하기 때문이었습니다. 다행이도 잘 해결을 하여 현재도 같은 집에서 잘 지내시고 있습니다. 집값이 거의 2배 상승하였고, 자녀들이 성장하여 경제적으로 편안하게 지내신다고 합니다. 까딱하면 은행에 넘어갈 뻔했던 상황을 잘 해결할 수 있어서 저도 아주 감사했던 일입니다.

04
주택 임대 절차와
관리하는 방법

부동산 임대 관련하여 임대인과 임차인이 존재하며, 이들의 관계를 원만하게 해결하기 위해서는 임대차 계약을 맺습니다.

주택 임대 절차

① 임대 주택 알아보기 : 일반적으로 이사 계획 한두 달 전에 매물 검색을 합니다. 임대 매물 검색 웹사이트에서 찾는 방법은 zil-low.com, realtor.com, apartments.com 등이 있습니다.

② 임대 시에 필요한 서류 : 임대 신청서 (개인신상 기록), 운전면허증 사본, 최근 3개월 치의 은행 계좌 내역서, 소득을 증명하는 최근 3개월 치의 급여 명세서 그리고 개인의 재정 상황을 볼 수 있는 최근 30일 이내에 발급된 크레딧 리포트입니다.

집주인 측에서는 만약에 렌트비를 받지 못하게 되면, 법적인 절차를 거쳐야 하는 번거로움이 있기 때문에 세입자의 자격에 대하여 엄격하게 검토를 합니다.

③ 임대 계약서 : 계약서에는 임대 기간, 보증금, 월 임대료, 유지 관리에 대한 책임 여부에 대한 내용이 포함이 됩니다. 구두 계약은 배제하는 것이 좋습니다.

애완동물 유무도 임대 시에 중요하게 작용을 합니다. HOA가 있는 집의 경우에는 HOA 규칙에 관한 서류를 세입자에게 꼭 전달해야 합니다.

④ 집 상태 확인 : 이사 후에는 집의 상태를 꼼꼼하게 확인하고 사진이나 문자로 알려주는 것이 나중에 이사를 나갈 때의 손상에 대한 책임의 여부를 가릴 수 있습니다.

⑤ 가전제품 옵션 사항 : 타운홈이나 단독주택을 임대할 때 일반적으로 포함되는 가전제품에는 식기세척기, 가스레인지, 전기스토브이며 부착된 전자레인지는 가전제품에 포함됩니다. 그 외의 냉장고, 세탁기, 건조기 등은 임대하는 집마다 차이가 있습니다.

주택 임대 관리

① 임차인 선택을 잘 해야 한다. 임대인의 입장에서는 월세를 늦지 않게 꼬박 꼬박 잘 내고, 집을 깨끗하게 잘 사용해 줄 수 있는 임

차인을 원합니다.

임차인 선택 시 주의해야 할 사항은 미연방법에 따라서 세입자의 성별, 혼인 유무, 국적, 종교, 인종, 장애 등의 이유로 임차인을 거절하면 연방법을 위반하는 중대한 사항이 된다는 것입니다.

② 수리 요청이 있을 때 기본적인 거주 환경을 제공할 의무가 있으므로 전기, 물, 가스, 냉난방 등에 문제가 발생한 경우에는 수리 요청에 응해야 합니다. 만약에 이러한 사항을 무시할 경우 세입자로부터 소송을 당할 수도 있습니다. 그리고 임차인으로부터 베드버그(빈대)가 있다는 리포트를 받으면 2일 이내에 이를 처리해 주어야 합니다.

③ 만약에 세입자가 제때 임대료를 납부하지 않을 경우에 '3일 노티스'(3일 이내에 연체료와 렌트비를 납부 하라는 내용)를 메일이나 직접 세입자에게 전달합니다. 그 이후에도 세입자가 렌트비를 납부를 하지 않을 때에는 퇴거 명령을 하기 위한 절차를 밟을 수 있습니다.

④ 퇴거 통지를 할 수 있다. 집주인의 허락 없이 서브리스를 한 경우, 소음으로 신고가 들어 온 경우, 불법 용도로 사용하는 경우, 집주인이나 중개인을 협박하는 행위가 있거나, 렌트비를 연체하는 경우, 렌트 기간을 연장하지 않은 경우, 임대인이 매매를 해야 하는 경우 등 여러 가지 요인이 있습니다.

⑤ 임대인이 현지에 거주하지 않는 경우에 임대관리를 위탁하게 됩니다. 임대관리 전문회사 또는 부동산 중개 회사에 위탁 관리를

합니다. 위탁 관리하는 조건은 위탁자 또는 위탁 회사와 조율을 합니다. 일반적으로 관리 비용은 연 렌트비의 6~8% 정도입니다.

⑥ 임대 기간이 만료되었을 때 재계약을 하거나 새로운 세입자를 찾습니다. 1년 이상 장기 임대를 했을 때는 60일 이전에, 단기 임대를 했을 때는 30일 전에 임차인에게 알려주어야 합니다.

임대 기간 만료 시 모든 이사가 끝난 후에 임대인과 임차인은 집의 상태를 인스펙션을 하여 집의 청소 상태와 파손 여부를 확인합니다. 만약 파손이 발생하거나 청소가 필요하다면, 계약 시 임대 보증금에서 파손 비용이나 청소 비용을 공제한 후 나머지 금액을 세입자가 되돌려 주면 됩니다.

⑦ 집주인은 캘리포니아 법에 따라서 이사를 나가고 집의 열쇠를 받은 날로부터 21일 이전에 세입자에게 임대 보증금을 돌려주어야만 합니다. 반환금은 청소 또는 파손에 대한 비용을 공제한 후에 나머지 금액을 되돌려 줍니다. 세입자는 완전히 이사한 후, 집주인에게 새로운 주소를 알려주어야 합니다.

⑧ 임대 기간 중에 매매하고자 할 때 세입자에게 120일 전에 미리 공지해야 합니다.

⑨ 리스 옵션 : 만약에 계약한 주택을 매매할 경우에 현재의 세입자에게 매매 우선권을 부여하겠다는 계약서입니다.

임대 부동산의 세금 공제 혜택 활용

임대 부동산 소유자로서 세금 공제를 받을 수 있는 것에는 다음과 같은 항목들이 있습니다.

모기지 이자, 부동산 구매에 사용한 신용카드 이자, 주택 보험, 유지 보수 수리비용, 부동산 투자와 관련된 여행 경비, 법률 및 전문 수수료, 부동산 중개인 수수료, 재산세 등이 포함됩니다.

부동산이 실제로 가치가 평가되더라도 정해진 감가상각 일정에 따라 부동산 구매 가격을 감가상각할 수 있도록 허용합니다. 상업용 부동산은 39년, 주거용 부동산은 27.5년입니다.

임대 부동산을 소유하고 있는 동안 소유주는 세입자의 돈을 사용하여 빚을 갚게되면 대출 금액을 줄임으로써 부담을 덜 수 있습니다.

외국인의 임대 수익이 있다면

주택을 14일 이상 임대하고 있다면 IRS(미 국세청)는 주택을 임대 부동산으로 간주하고 임대 활동을 사업으로 간주하므로 모든 임대 소득을 IRS에 보고해야 합니다. 모기지 이자, 광고 비용, 보험료, 공과금 및 부동산 관리비와 같은 임대 비용은 공제할 수 있습니다.

될 수 있으면, 미 국세청(IRS)에서 TIN(Tax Identification Number)을 받아서 세금 보고를 하는 것을 추천해 드리며 회계사님과 상담을 하시는 것도 추천해 드립니다.

에피소드 1.

임차인의 계약 기간이 1월 31일이었지만, 실질적으로 1월 28일에 이사를 한 상태라 1월 30일에 임대인이 그 집 안으로 들어가서 상태를 살폈습니다. 계약 기간 만료 이전에 임차인에게 알리기는 했지만, 허락한 것은 아니라고 집주인을 상대로 소송을 걸었습니다. 그리고 도움 요청을 받아서 2월 초에 집안 내부를 둘러보니, 집안 청소를 1년 동안 하지 않은 것처럼 물때가 겹겹이 쌓여 있고, 실내 벽에도 스크래치가 나고, 여러 가지로 집 내부가 엉망이었습니다. 모두 사진을 찍어 임대인에게 전해 주었고 이 사진은 매우 중요한 역할을 했습니다. 임차인이 소송한 이유는 본인들의 관리 소홀로 인하여 보증금을 돌려받을 수 없을 것이라는 계산으로 일부러 무단 침입이라고 소송을 걸었던 것이었습니다. 그러나 사진으로 관리 소홀은 물론이고 강아지를 키운 흔적(계약위반)을 증명할 수 있어서 보증금을 예상보다 적게 돌려주게 되어 임대인이 만족하였습니다.

에피소드 2.

주택 임대로 소득이 발생하는 것도 개인소득 증명으로 사용을 할 수 있습니다. 임대주택이 3채가 있으신 분이 임대료 소득으로 또 주택 1채를 더 구입할 수 있었습니다. 부에나팍에 있는 타운하우스에서 월 수익이 3천 달러이고, 사이프러스에 월 수익 3천 8백 달러의 타운하우스가 있고, 플러튼에 월 수익 4천 5백 달러의 단독주택을 소유하고 있으므로 전체 월 수익이 1만 7천 8백 달러가 됩니다. 또 주택 구매를 하기 위해서는 임대 수익의 75%를 소득으로 인정해주므로 1만 3천 3백 5십 달러로 대출을 받아서 다른 주택 구입이 가능합니다. 이때 대출금액은 대략 70만 달러 이상이 가능합니다.